Le rôle du musée dans la lutte contre le trafic illicite de biens culturels

Droit du patrimoine culturel et naturel

Collection dirigée par Marie Cornu et Jérôme Fromageau

Cette collection initiée par le groupe de recherches « Droit du patrimoine culturel et naturel » a pour but de développer et enrichir la réflexion sur les objets et modes de protection dans le domaine du patrimoine culturel et naturel. Les questions que soulèvent la conservation, la circulation, la valorisation du patrimoine sollicitent, en effet, ces deux disciplines. Le contexte d'un monument historique, son environnement, le paysage dans lequel il s'inscrit sont souvent essentiels à sa mise en valeur. Le droit de la culture et le droit de l'environnement développent cependant des concepts propres. Ils ne sont pas toujours en accord sur les méthodes et les moyens de protection, d'où l'intérêt de la confrontation et de la comparaison des ressources tirées de ces deux dispositifs.

C'est pourquoi la réflexion doit se renouveler sur les concepts fondamentaux du patrimoine sur la délimitation des éléments qui méritent protection, des outils qu'il faut nécessairement adapter. Dans la compréhension des différents mécanismes et l'ouverture vers de nouveaux modèles, le droit comparé est essentiel, ainsi que le droit international.

Dernières parutions

Marie CORNU et Jérôme FROMAGEAU (dir.), *Les collections privées, Approches historiques et juridiques*, 2022.

Perrine MARX, *La place de la création contemporaine dans la fabrique urbaine. Etat des lieux juridique de l'initiative artistique dans la ville,* 2021.

Mylène LE ROUX (dir.), *La reconversion du patrimoine public monumental. L'exemple du Grand Hôtel Dieu de Lyon*, 2020.

Guillaume LAMBERT, *Blanchiment et marché de l'art. Le droit et la pratique*, 2020.

Agathe LAGAUCHE, *Les musées de France à l'heure de la métropolisation*, 2019.

Valentine Molineau

Le rôle du musée dans la lutte contre le trafic illicite de biens culturels

L'Harmattan

5-7, rue de l'École-Polytechnique, 75005 Paris

http://www.editions-harmattan.fr

ISBN : 978-2-14-031394-3
EAN : 9782140313943

SOMMAIRE

REMERCIEMENTS

Je remercie en premier lieu les professeurs Géraldine Goffaux-Callebaut et Stéphane Duroy de m'avoir permis d'intégrer le Master en Droit du patrimoine culturel de l'Université Paris-Saclay, ainsi que Laura Zani pour le suivi de mes travaux de recherches. Je remercie également Vincent Négri pour son accompagnement dans la publication du présent ouvrage.

J'adresse par ailleurs mes plus sincères remerciements à ma maître de stage, Marina Schneider, pour nos riches discussions partagées au cours de mon stage auprès du Secrétariat de l'Institut international pour l'unification du droit privé (UNIDROIT) qui s'est avéré fondamental dans mon travail de recherche.

Je tiens aussi à exprimer ma profonde gratitude auprès des professionnels du patrimoine culturel (archéologue, professeur, avocat, professionnel de musée, documentaliste, chercheur) pour m'avoir accordé de leur temps et partagé avec moi leurs connaissances.

Enfin, je remercie mes proches et plus particulièrement mes parents, ma sœur, ma cousine Alice et mon compagnon Salvatore, pour leur soutien inconditionnel dans mon projet de reprise d'études dont l'issue a largement dépassé mes espérances.

LISTE DES ABRÉVIATIONS ET SIGLES

ALIPH	Alliance internationale pour la protection du patrimoine dans les zones de conflit
CIJ	Cour internationale de justice
CCTPC	*Comando Carabinieri per la Tutela del Patrimonio Culturale*
ICCROM	Centre international d'études pour la conservation et la restauration des biens culturels
ICOM	Conseil international des musées
ICOMOS	Conseil international des monuments et des sites
INTERPOL	*International criminal police organization*
OCBC	Office central de lutte contre le trafic de biens culturels
OMD	Organisation mondiale des douanes
UNESCO	Organisation des Nations Unies pour l'Education, la Science et la Culture
UNIDROIT	Institut international pour l'unification du droit privé

INTRODUCTION

Les 29 et 30 juillet 2021 se tenait à Rome, dans l'enceinte du Colisée (site du patrimoine mondial), la première réunion de l'histoire du G20 consacrée à la culture. La déclaration adoptée au terme de cette réunion (ci-après la « Déclaration de Rome ») énonce cinq priorités identifiées par les ministres de la culture du Groupe des 20[1] : la protection du patrimoine culturel, la culture et le changement climatique, la culture et l'éducation, les industries culturelles et créatives et la culture face à la transformation numérique[2].

Dans le cadre de la priorité relative à la protection du patrimoine culturel, la Déclaration de Rome rappelle la portée des résolutions 2199 (2015) et 2347 (2017) du Conseil de Sécurité des Nations Unies (ci-après le « CSNU »), notant que le trafic illicite de biens culturels constitue une grave menace pour la paix et la sécurité internationales. Il n'est pas sans intérêt de rappeler le contexte d'adoption, le contenu, ainsi que l'impact de ces deux résolutions quant à l'avènement d'une responsabilité

---

[1] Le Groupe des 20 (G20) rassemble les principales économies mondiales. Il est composé de l'Afrique du Sud, l'Allemagne, l'Arabie saoudite, l'Argentine, l'Australie, le Brésil, le Canada, la Chine, les Etats-Unis, la France, l'Inde, l'Indonésie, l'Italie, le Japon, le Mexique, la République de Corée, le Royaume-Uni, la Russie, la Turquie et l'Union européenne.

[2] Cette réunion des ministres de la culture du G20 s'inscrit dans le cadre du Sommet du G20 qui s'est tenu les 30 et 31 octobre 2021 à Rome, sous présidence italienne. Il s'agit de la première déclaration du G20 sur la culture (UNESCO. *Le G20 adopte une Déclaration sur la culture pour la première fois* [en ligne], 29 juillet 2021, URL : https://fr.unesco.org/news/g20-adopte-declaration-culture-premiere-fois [page consultée le 4/07/2022]).

collective de protection du patrimoine culturel incombant à tous les membres de la communauté internationale[3].

Adoptée à l'unanimité par le CNSU le 12 février 2015, alors que plusieurs sites et villes antiques de Syrie et d'Irak étaient ajoutés à la Liste du patrimoine mondial en péril (passant significativement de 18 à 37 biens culturels inscrits en l'espace de trois ans)[4], la résolution 2199 (2015)

---

[3] Par ailleurs, « *la pratique du CSNU (au travers de l'adoption de diverses résolutions, dont les 660 (1990), 1483 (2003) et 2199 (2015)) pourrait élever l'exigence de préservation du patrimoine culturel au rang de coutume internationale* » (KHIAR (Y.), "Le droit international à l'épreuve de la destruction du patrimoine culturel archéologique irakien par Daech", *Sentinelle*, 3 février 2015).

[4] La Liste du patrimoine mondial en péril est conçue pour « *informer la communauté internationale des conditions menaçant les caractéristiques mêmes qui ont permis l'inscription d'un bien sur la Liste du patrimoine mondial et pour encourager des mesures correctives* » (UNESCO. *Patrimoine mondial en péril* [en ligne], URL : https://whc.unesco.org/fr/158/ [page consultée le 11/07/2022]). La décision d'inscrire des biens sur la Liste du patrimoine mondial en péril revient au Comité du patrimoine mondial conformément à l'article 11 (4) de la Convention concernant la protection du patrimoine mondial, culturel et naturel du 16 novembre 1972. Cette liste comprend à la fois le patrimoine mondial culturel et naturel. De 2013 à 2016, sur fond de guerre civile syrienne et de « nettoyage culturel » (selon l'expression de la Directrice générale de l'UNESCO de l'époque, Irina Bokova) orchestré notamment par l'organisation Etat islamique au Moyen-Orient, 19 biens et sites culturels ont été ajoutés à la liste du patrimoine mondial en péril : (i) pour l'année 2013 : l'ancienne ville d'Alep, l'ancienne ville de Bosra, l'ancienne ville de Damas, le Crac des Chevaliers et Qal'at Salah El-Din, le site de Palmyre et les villages antiques du Nord de la Syrie ; (ii) pour l'année 2014 : la terre des oliviers et des vignes au Sud de Jérusalem à Battir et la ville de Potosi en Bolivie ; (iii) pour l'année 2015 : la citée fortifiée d'Hatra en Irak, l'ancienne ville de Shibam et son mur d'enceinte ainsi que la vieille ville de Sana'a au Yémen ; pour l'année 2016 : le Centre historique de Shakhrisyabz en Ouzbékistan, le centre cérémoniel de la Micronésie orientale (Nan Madol), les villes anciennes de Djenné au Mali, ainsi que l'ancienne ville de Ghadamès, le site archéologique de Cyrène, de

relative à la protection du patrimoine culturel syrien et irakien « *vient frapper du sceau du chapitre VII* (de la Charte des Nations Unies) *les atteintes de Daech à l'encontre du patrimoine culturel* »[5]. Fondée sur les articles 39 (pouvoir de constatation ou de qualification d'une menace contre la paix, d'une rupture de la paix ou d'un acte d'agression) et 41 (adoption de mesures coercitives non-militaires) du Chapitre VII, cette résolution autorise le CSNU à « *prendre des mesures coercitives, dans le seul cadre du maintien de la paix et de la sécurité internationales* »[6]. En l'espèce, « *le paragraphe 17 de la résolution 2199 forge la responsabilité collective des Etats pour lutter contre la dispersion des biens culturels iraquiens et syriens et faciliter leur restitution* »[7].

La résolution 2347 (2017) adoptée par le CNSU le 24 mars 2017 est la première à porter exclusivement sur la protection du patrimoine culturel contre la destruction et le

---

Leptis Magna, de Sabratha et les sites rupestres du Tadrart Acacus en Libye (UNESCO. *Liste du patrimoine mondial en péril* [en ligne], URL : http://whc.unesco.org/fr/peril/ [page consultée le 11/07/2022]).

[5] KHIAR (Y.), "Le droit international à l'épreuve de la destruction du patrimoine culturel archéologique irakien par Daech", *op. cit.* Sauf cas exceptionnel, la résolution comporte toujours une référence expresse au Chapitre VII (« Action en cas de menace contre la paix, de rupture de la paix et d'acte d'agression ») lorsque le CSNU agit en vertu de ce chapitre. En l'espèce, la mention étant indiquée à la fin du préambule, l'entièreté de la résolution est fondée sur le Chapitre VII : « *Agissant en vertu du Chapitre VII de la Charte des Nations Unies* » (ONU, Conseil de Sécurité, Résolution 2199 (2015), 12 février 2015, S/RES/2199 (2015), p. 3).

[6] NEGRI (V.), *Etude juridique sur la protection du patrimoine culturel par la voie des résolutions du Conseil de sécurité des Nations-Unies. Le patrimoine culturel dans le prisme de la résolution 2199 (2015) du Conseil de sécurité*, 25 mars 2015.

[7] *Idem.*

trafic illicite[8]. Fondée sur le Chapitre VI de la Charte[9], elle reconnait « *le rôle de la culture comme source de stabilité et d'inclusion et comme moteur de réconciliation et de résilience* »[10] et encourage les Etats membres qui ne l'ont pas encore fait à ratifier les conventions internationales pertinentes[11]. En amont de ces résolutions, c'est la destruction des Bouddhas de Bamiyan en Afghanistan par les Talibans en 2001 qui « *a mis à jour la nécessité de définir précisément le rôle de tout Etat face aux éléments du patrimoine culturel situés sur son territoire* »[12], et posé « *la question de la délicate fonction de la communauté internationale en la matière* »[13]. Si, en droit international, l'Etat demeure l'unité de référence, dans le cadre plus précis du patrimoine culturel, cette unité s'avère insuffisante[14]. Sans pour autant aller jusqu'à parler d'un « déclin de

---

[8] ONU, Conseil de Sécurité, Résolution 2347 (2017), 24 mars 2017, S/RES/2347 (2017).

[9] Considérant l'absence de mention expresse du Chapitre VII de la Charte (*Idem*).

[10] UNESCO. Lettre circulaire, *Résolution 2347 du Conseil de sécurité des Nations Unies*, CL/4210, 9 juin 2017.

[11] La résolution 2347 (2017) mentionne expressément la Convention concernant les mesures à prendre pour interdire et empêcher l'importation, l'exportation et le transfert de propriété illicites des biens culturels en date du 14 novembre 1970 (ONU, Conseil de Sécurité, Résolution 2347 (2017), 24 mars 2017, S/RES/2347 (2017), p. 2).

[12] BORIES (C.), *Le patrimoine culturel en droit international. Les compétences des États à l'égard des éléments du patrimoine culturel*, Paris, Éditions A. Pedone, 2011, p. 18.

[13] *Idem.*

[14] À cet égard, « *Le cas du patrimoine culturel atteste donc du caractère de plus en plus complexe et insaisissable d'une réalité sensible qui se fond de moins en moins dans ce moule traditionnel. Il est typique du divorce qui a fréquemment cours entre Etat, population et territoire, et participe des facteurs qui interrogent la pertinence de la personne étatique comme facteur organisationnel unique de la société internationale* » (*Ibid.*, pp. 19-20).

l'Etat »[15], il est judicieux de mettre en avant d'autres sujets et acteurs des relations internationales, comme les organisations internationales ou non-gouvernementales qui, au cours des dernières décennies, ont su seconder les Etats dans la défense du patrimoine culturel, à l'image de « *l'ordre culturel international que façonne l'UNESCO à partir de 1945* »[16], ménageant « *un équilibre entre l'idée de protection d'un patrimoine universel (...) et la souveraineté des Etats* »[17].

Réitérant l'inquiétude profonde suscitée par l'augmentation de ce fléau, la Déclaration de Rome appelle la communauté internationale à prendre des mesures fortes et efficaces, parmi lesquelles la ratification des conventions et accords internationaux pertinents, en étroite coopération avec les organisations internationales compétentes (nommément l'UNESCO, l'ICCROM, l'ICOM, l'ICOMOS et l'UNIDROIT) et l'intensification des synergies entre les acteurs du patrimoine culturel pour protéger le patrimoine et lutter contre le trafic illicite de biens culturels[18]. Si le rôle du musée (considéré à la fois dans son individualité et au sein de la communauté muséale mondiale) dans la lutte contre le trafic illicite de biens culturels n'est pas aussi clairement reflété que dans la recommandation de l'UNESCO concernant la protection et la promotion des musées et des collections, de leur diversité

---

[15] Selon l'expression de Francis Satchivi (SATCHIVI (F.), *Le déclin de l'État en droit international public*, Paris, L'Harmattan, 2001, 318 p.).
[16] NEGRI (V.), "Guerres, conflits et collections. Les musées et l'obligation de restituer des biens culturels", dans : CORNU (M.), FROMAGEAU (J.), POULOT (D.), *2002 Genèse d'une loi sur les musées*, Paris, Comité d'histoire du ministère de la culture, 2021, pp. 71-80.
[17] *Idem.*
[18] G20. *Déclaration de Rome des ministres de la culture du G20*, 30 juillet 2021.

et de leur rôle dans la société de 2015 (ci-après la « Recommandation de 2015 »), il n'en demeure pas moins incontournable, tandis qu'il est considéré de manière croissante comme une priorité par les professionnels de musées.

Le terme de *musée*. Il vient du latin *musaeum* signifiant « *grotte, lieu consacré aux muses* »[19], elles-mêmes désignées comme « *déesses des champs et des montagnes faisant don aux hommes de l'inspiration poétique, ainsi que de la connaissance* »[20], laissant alors transparaître l'idée de transmission des connaissances et d'éducation qui incombent normalement à l'institution muséale. Selon les termes du dictionnaire *Le Robert*, le musée se définit comme « *l'établissement dans lequel sont rassemblées et classées des collections d'objets d'intérêt historique, technique, scientifique, artistique, en vue de leur conservation et de leur présentation au public* », tandis que le Code du patrimoine français indique, en son article L.410-1, qu'est considérée comme musée « *toute collection permanente composée de biens dont la conservation et la présentation revêtent un intérêt public et organisée en vue de la connaissance, de l'éducation et du plaisir du public* ». On y retrouve ainsi les notions qui distinguent traditionnellement l'instance muséale, à savoir le patrimoine, la conservation, la scientificité, la permanence, l'éducation, la délectation et la non-lucrativité[21].

---

[19] REY (A.), *Le Dictionnaire Historique de la langue française*, Paris, Le Robert, 2019, pp. 2300-2301.

[20] *Idem.*

[21] ICOM. *Contribution d'ICOM France* [en ligne], URL : https://icom.museum/wp-content/uploads/2021/01/ICOM-France_choix-de-mots-et-concepts_revueg_acmjrd-toutes-modif-ok.pdf [page consultée le 10/05/2021].

La définition du musée telle qu'élevée au niveau international est fournie par le Conseil international des musées (ci-après « ICOM ») qui, depuis le 24 août 2007, le définit comme « *une institution permanente sans but lucratif, au service de la société et de son développement, ouverte au public, qui acquiert, conserve, étudie, expose et transmet le patrimoine matériel et immatériel de l'humanité et de son environnement à des fins d'études, d'éducation et de délectation* »[22]. Le 24 août 2022, dans le cadre de la vingt-sixième Conférence générale de l'ICOM (20 au 28 août 2022, Prague, Tchéquie), l'Assemblée générale extraordinaire de l'organisation a approuvé une nouvelle définition du musée[23], soucieuse de « *s'aligner sur certains des changements majeurs dans le rôle des musées* »[24], en y intégrant les concepts d'inclusivité, de participation des communautés et de durabilité (entre autres), comme suit : « *un musée est une institution permanente, à but non lucratif et au service de la société, qui se consacre à la recherche, la collecte, la conservation, l'interprétation et l'exposition du patrimoine matériel et immatériel. Ouvert au public, accessible et inclusif, il encourage la diversité et la durabilité. Les musées opèrent et communiquent de manière éthique et professionnelle, avec la participation de*

[22] Définition du musée telle que contenue dans les Statuts de l'ICOM adoptés lors de la vingt-deuxième Assemblée générale de l'organisation qui s'est tenue à Vienne (Autriche) le 24 août 2007.

[23] Le 24 août 2022, l'Assemblée générale extraordinaire de l'ICOM a décidé d'amender l'article 3, section 1 des Statuts de l'organisation, i.e. la définition du musée : « *Cette nouvelle définition est l'unique amendement aux statuts. Tous les autres articles, à l'exception de l'article 3, section 1, restent inchangés* » (ICOM. *Point 3 Présentation de la proposition de nouvelle définition du musée*, Assemblée générale extraordinaire, 24 août 2022).

[24] ICOM. *L'ICOM approuve une nouvelle définition du musée*, [en ligne], 24 août 2022, URL : https://icom.museum/fr/news/licom-approuve-une-nouvelle-definition-de-musee/, [page consultée le 24/08/2022].

diverses communautés. Ils offrent à leurs publics des expériences variées d'éducation, de divertissement, de réflexion et de partage de connaissances »[25]. L'adoption de cette nouvelle définition intervient au terme d'un processus hautement transparent et participatif impliquant des centaines de professionnels de musées issus de 126 comités, alliances régionales et organisations affiliées de l'ICOM.

Le musée est une entité mouvante, résiliente et en perpétuelle évolution, puisque perméable aux évolutions de la société dont elle est le reflet. Loin de constituer un ensemble homogène, il apparaît dès lors difficile d'en fournir une définition qui soit exhaustive, considérant l'hétérogénéité des institutions muséales. Si les activités et les missions d'une entité donnée sont (plus ou moins) à même de renseigner sur son statut de musée[26], il est difficile de dégager des caractéristiques intrinsèques communes : la nature de l'entité et de ses collections (publique ou privée), le domaine d'expertise, les modalités de gouvernance, les moyens humains et financiers dont elle dispose... L'enveloppe muséale recouvre en effet une multitude de réalités. Il est de ce fait particulièrement délicat, voire inopportun, d'avoir une acception générale de l'entité muséale. Chaque juridiction ayant sa définition du musée, l'intérêt d'un espace de médiation international comme l'ICOM est primordial[27], tandis que la législation

[25] *Idem.*

[26] A savoir les activités de conservation, restauration, d'étude et d'enrichissement des collections, de transmission au public...

[27] Les institutions pouvant adhérer à l'ICOM sont les suivantes : les sites et monuments naturels, archéologiques et ethnographiques et les sites et monuments historiques ayant un caractère de musée eu égard à leurs activités d'acquisition, de conservation et de communication des témoins matériels des peuples et de leur environnement ; les institutions qui conservent des collections et exposent, à des fins d'éducation, des spécimens vivants de végétaux et d'animaux, tels que les jardins

internationale doit nécessairement composer avec la diversité des musées[28].

La définition du musée implique de considérer son ou ses organes respectifs de contrôle. Conformément au glossaire contenu dans le Code de déontologie de l'ICOM pour les musées, l'autorité de tutelle correspond « *aux personnes ou organisations définies dans les textes législatifs d'habilitation du musée comme responsables de sa pérennité, de son développement stratégique et de son financement* ». Comme le musée lui-même, l'autorité de tutelle et/ou le conseil d'administration d'une institution muséale recouvre différentes réalités, du "*board of trustees*" des grands musées américains, aux conseils d'administration des établissements publics de certains musées français. Enfin, aux termes des Statuts de l'ICOM, les professionnels de musée « *comprennent l'ensemble des membres du personnel des musées et des institutions*

---

botaniques et zoologiques, les aquariums et les vivariums ; les centres scientifiques (répertoriés dans les Centre de culture scientifique, technique et industrielle) et les planétariums ; les galeries d'art à but non lucratif ainsi que les instituts de conservation et galeries d'exposition dépendantes des bibliothèques et des centres d'archives ; les réserves naturelles liées aux parcs nationaux ; les organisations nationales, régionales ou locales de musées, ainsi que les administrations publiques de tutelle (ministères, départements ou organismes) des musées (uniquement les services en charge des musées) ; les institutions ou organisations à but non lucratif en lien direct avec les musées qui mènent des activités de recherche en matière de conservation, d'éducation, de formation, de documentation, ainsi que d'autres liées au musée et à la muséologie ; les centres culturels et autres institutions ayant pour mission d'aider à la préservation, à la pérennité et à la gestion des ressources du patrimoine matériel et immatériel, y compris le patrimoine vivant et les activités créatives numériques (ICOM. *Critères d'adhésion* [en ligne], URL : https://www.icom-musees.fr/adhesions/qui-peut-adherer [page consultée le 31/08/2021]).

[28] A cet égard, l'usage du terme de *collection* dans la Convention d'UNIDROIT de 1995 est particulièrement pertinent.

répondant à la définition de la section 1 et 2 de l'article 3 des Statuts de l'ICOM, et les personnes qui, dans un contexte professionnel, ont pour activité principale de fournir des services, des connaissances et une expertise aux musées et à la communauté muséale », du directeur au conservateur-restaurateur, en passant par les agents d'accueil et de surveillance.

La notion de *biens culturels*. Ils se caractérisent en premier lieu par leur (intrinsèque) matérialité, c'est-à-dire en tant que bien, mais aussi par l'existence d'une valeur immatérielle qui vient les placer non seulement sous la juridiction de l'Etat, mais également, et à de nombreux égards, au rang de préoccupation de la communauté internationale, faisant alors concourir le droit international aux côtés des droits nationaux des Etats territorialement enrichis de la présence de biens culturels. La problématique du trafic illicite de biens culturels concerne le mouvement, le vol ou l'exportation illégale, de biens culturels nécessairement matériels. La définition de la notion de biens culturels est consacrée par le premier article de la Convention concernant les mesures à prendre pour interdire et empêcher l'importation, l'exportation et le transfert de propriété illicites des biens culturels adoptée à Paris le 14 novembre 1970 (ci-après la « Convention de 1970 ») qui constitue le premier instrument international de protection du patrimoine en temps de paix, comme « *les biens qui, à titre religieux ou profane, sont désignés par chaque Etat comme étant d'importance pour l'archéologie, la préhistoire, l'histoire, la littérature, l'art ou la science* » et qui appartiennent à l'une des onze catégories énumérées à la suite de l'article. Avant 1970, la définition de la notion de biens culturels fut consacrée par l'article premier de la Convention de La Haye pour la protection des biens culturels en cas de conflit armé du 14 mai 1954 (entrée en vigueur le 7 août 1956), qui constitue le premier instrument international spécifique en la matière : « *Aux fins de la présente Convention, sont considérés comme biens culturels, quels que soient leur origine ou leur propriétaire : a. Les biens, meubles ou immeubles, qui présentent une grande importance pour le patrimoine culturel des peuples, tels que les monuments d'architecture, d'art ou d'histoire, religieux ou laïques, les sites archéologiques, les ensembles de constructions qui, en tant que tels, présentent un intérêt historique ou artistique, les œuvres d'art, les manuscrits, livres et autres objets d'intérêt artistique, historique ou archéologique, ainsi que les collections scientifiques et les collections importantes de livres, d'archives ou de reproductions des biens définis ci-dessus ; b. Les édifices dont la destination principale et effective est de conserver ou d'exposer les biens culturels meubles définis à l'alinéa a, tels que les musées, les grandes bibliothèques, les dépôts d'archives, ainsi que les refuges destinés à abriter, en cas de conflit armé, les biens culturels meubles définis à l'alinéa a. ; c. Les centres comprenant un nombre considérable de biens culturels qui sont définis aux alinéas a. et b., dits 'centres monumentaux'* »[29]. C'est précisément la Convention de La Haye de 1954 qui a permis de dépasser la conception purement étatique attachée aux

[29] UNESCO. *Convention pour la protection des biens culturels en cas de conflit armé*, La Haye, Pays-Bas, 14 mai 1954.

biens culturels[30] et d'élever leur protection à l'échelle internationale[31].

La notion de *trafic illicite de biens culturels*. Il n'existe pas de définition légale de la notion de trafic illicite de biens culturels. Aux termes du Dictionnaire comparé du droit du patrimoine culturel, il s'agit, dans l'acception qu'en a le droit allemand, du « *mouvement transfrontalier de biens culturels qui, à défaut d'une autorisation d'exportation ou à cause de la violation d'une interdiction d'exportation, contrevient à des lois nationales et/ou des normes internationales relatives à la circulation des biens culturels* »[32], tandis qu'en droit français, il correspond au « *déplacement organisé de biens culturels effectué en violation des règles relatives au transfert de propriété et à la circulation de ces biens en vue de les vendre ou d'en disposer d'une quelconque manière* »[33].

---

[30] Les biens culturels étaient alors entendus comme appartenant exclusivement et strictement au patrimoine national de l'État sur le territoire duquel ils se situent. C'est d'ailleurs ce que les Talibans vont avancer lors de la destruction des Bouddhas de Bamiyan en 2001 qui, selon le ministre Taliban des affaires étrangères constituait « *une affaire purement interne et basée sur des édits religieux* » (Déclaration de Maulawi Wakil Ahmad Muttawakil du 13 mars 2001 citée par : GEORGOPOULOS (T.), "Avez-vous bien dit 'crime contre la culture' ? La protection internationale des monuments historiques", *Revue hellénique de droit international*, 2001, p. 459.

[31] La production normative successive s'inscrira dans la continuité d'une telle imposition (LEANZA (U.), "Conflitti armati e distruzione intenzionale del patrimonio culturale (protocollo de L'Aja del 1999 e Dichiarazione di Parigi del 2003)", dans : LEANZA (U.), *I beni culturali tra realtà locale e globalizzazione*, Milano, Edizioni Nagard, 2008, p. 133).

[32] CORNU (M.), FROMAGEAU (J.), WALLAERT (C.), *Dictionnaire comparé du droit du patrimoine culturel*, Paris, Editions CNRS, 2012, p. 938.

[33] *Ibid.*, p. 941.

Il se décline en deux types d'actes illicites : (i) le vol pur et simple de biens culturels à son propriétaire (qu'il s'agisse d'un particulier, d'un musée, d'une galerie ou d'un Etat) et son transport ultérieur à travers les frontières, vers des Etats où ils sont facilement commercialisables et intégrés au marché licite, ainsi que (ii) l'exportation illégale de biens culturels. S'il est par nature difficile de calculer l'ampleur du trafic illicite de biens culturels[34], les dommages qu'il cause sont considérables et requièrent une réponse internationale.

L'ensemble de la communauté internationale est touché par le trafic illicite de biens culturels : aucun Etat n'est épargné par le vol et/ou les fouilles illicites, tandis qu'il est tristement récurrent pour des Etats comme l'Afghanistan, la Syrie, l'Irak ou encore l'Italie et la Grèce. Pourtant, leurs moyens respectifs de réprimer ces actes diffèrent grandement, tandis que ces disparités sont mises à profit par les trafiquants[35]. Le trafic illicite de biens culturels a un caractère international et implique une circulation illicite de biens entre des pays dits « sources » ou exportateurs d'art (il s'agit des pays qui ont des richesses culturelles et un patrimoine historique vaste, souvent difficilement documentable), à l'image de l'Italie, de la Grèce, de l'Irak, ou encore du Mexique, et les pays dits « de marché » ou importateurs d'art, à l'image de la Suisse, de la

---

[34] LENZNER (N. R.), "The Illicit International Trade in Cultural Property: Does the UNIDROIT Convention Provide an Effective Remedy for the Shortcomings of the UNESCO Convention", *University of Pennsylvania Journal of International Business Law*, vol. 15, n°3, Fall 1994, pp. 469-508.

[35] « *Every country has problems of theft and clandestine excavation. Not every country, however, has the same means of repressing them* » (PROTT (L.V.), "Cultural heritage law: the perspective of the source nations", *Art Antiquity and Law*, vol. 5, n°4, décembre 2000, pp. 333-342).

France, des Etats-Unis, du Royaume Uni, du Japon ou des Pays-Bas (il s'agit des pays où aura lieu la vente finale, i.e. où les ressources financières pour l'achat de ces biens sont disponibles), sans oublier les pays de transit, à l'image d'Israël, de la Thaïlande, du Qatar ou encore de la Suisse (ce sont des pays où les trafiquants entendent blanchir l'origine illicite des biens). Ainsi, le trafic illicite de biens culturels, en raison de son caractère transfrontalier, requiert une coopération internationale dont le succès repose nécessairement sur la recherche d'un équilibre entre les intérêts des pays sources et des pays de destination.

Il est pertinent de faire état du décalage qui pouvait exister parmi les Etats (en amont, et dans les premières décennies suivant l'adoption de la Convention de 1970), selon leur positionnement dans la chaîne du trafic illicite (source, transit, marché), dans la prise de conscience et l'appréhension du trafic illicite de biens culturels comme étant un fléau global nécessitant une action internationale coordonnée et adaptée à la réalité transfrontalière du trafic. Ainsi, avant même l'adoption de la Convention de 1970, des Etats s'alarmaient de l'augmentation de ce phénomène et tentaient de l'enrayer, d'abord régionalement, à l'image du Mexique et des initiatives bilatérales avec les Etats-Unis, alors plaque tournante du marché de biens culturels précolombiens exportés illégalement[36]. En effet, « *des discussions en octobre 1967 entre Gustavo Diaz Ordaz, Président mexicain et Lyndon B. Johnson, Président des Etats-Unis, ont mis en évidence l'augmentation alarmante des fouilles archéologiques illicites et de la contrebande de biens culturels pillés, du Mexique vers les Etats-Unis et*

[36] NAFZIGER (J.A.R.), "The 1970 UNESCO Convention : insights, circumspections and outlooks", *La convención de la UNESCO de 1970*, Mexico, 2013, pp. 211-226.

l'Europe »[37]. L'observation suivante, que l'on attribue au président mexicain Porfirio Diaz, illustre de manière prégnante le désarroi des pays sources, victimes de pillages, et le déséquilibre avec les pays abritant des places importantes du marché de l'art : « *Pauvre Mexique ! Si loin de Dieu et si proche des Etats-Unis* ! »[38]. Le trafic illicite de biens culturels est désormais perçu comme une préoccupation majeure par une grande majorité de la communauté internationale, bien qu'elle ait en effet émergé des Etats sources. Plusieurs événements internationaux retentissants ont contribué à davantage prioriser la lutte contre le trafic illicite de biens culturels au rang des préoccupations majeures des Etats et des institutions muséales, à l'instar du pillage du musée national d'Irak en 2003 et du musée égyptien du Caire en 2011, tandis que l'intégrité des collections muséales afghanes se trouve largement fragilisée par le retour au pouvoir des Talibans en août 2021.

L'éthique de l'acquisition. Le trafic illicite se développe en parallèle d'un marché licite de biens culturels. A ce titre, le moyen le plus efficace de lutter contre le trafic d'objets culturels est de responsabiliser tous les participants

---

[37] « *Discussions in October 1967 between Presidents Gustavo Diaz Ordaz of Mexico and Lyndon B. Johnson of the United States highlighted the alarming increase of illegal archeological excavations and smuggling of looted material from Mexico to the United States and Europe* » (*Idem*).

[38] « *One is reminded of the famous observation that is attributed, albeit without much evidence, to President Porfirio Diaz, 'Pobre Mexico! Tan lejos de Dios y tan cerca de los Estados Unidos!' ('Poor Mexico! So far from God and so close to the United States!')* » (*Idem*). A noter toutefois que : « *La Maison Blanche a rapidement demandé au Département d'Etat d'étudier le problème et d'identifier des solutions, avant même que les efforts de l'UNESCO pour rédiger une convention ne soient initiés* » (*Idem*).

du marché de l'art[39]. Au vu de son rôle dans la circulation des biens culturels et de son insertion dans le marché de l'art, à quel point le musée participe-t-il du trafic illicite de biens culturels ? Le lien existant entre le marché de l'art et l'enlèvement illicite initial fut admis très tôt par la communauté muséale, en atteste l'adoption, dès 1970, d'un document relatif à l'éthique des acquisitions, « *alors que se dessinaient les contours de la convention qui sera adoptée par l'UNESCO quelques mois plus tard* »[40]. Ces acquis concernant notamment les conditions de constitution des collections et la provenance furent ensuite consolidés avec le code de déontologie professionnelle adopté par l'ICOM en 1986 (ci-après le « Code ICOM »), dont l'article 3.2 indique que : « *le commerce illicite d'objets destinés à des collections publiques ou privées encourage la destruction de sites historiques, des cultures ethniques locales, le vol au niveau national et international* [...] *il est en pleine contradiction avec l'esprit du patrimoine national et international. Les musées doivent être conscients des liens qui existent entre le marché et l'enlèvement initial et souvent destructeur d'un objet à destination du marché commercial et reconnaître qu'il est contraire à la déontologie qu'un musée apporte son appui, directement ou indirectement à un tel trafic* ». Cet article est d'une importance fondamentale en ce qu'il dénonce « *sans ambiguïté les effets du commerce illicite sur le patrimoine national et international, déclarant explicitement qu'il existe une relation entre le marché et la collecte illicite*

---

[39] DELEPIERRE (S.), SCHNEIDER (M.), "Ratification and implementation of International Conventions to fight illicit trafficking in cultural property", dans : DESMARAIS (F.), *Countering illicit traffic in cultural goods: the global challenge of protecting the world's heritage*, International Observatory on Illicit Traffic in Cultural Goods, Paris, The International Council of Museums, 2015, pp. 129-138.

[40] NEGRI (V.), "Guerres, conflits et collections. Les musées et l'obligation de restituer des biens culturels", *op. cit.*

initiale et traduisant l'inquiétude généralisée concernant le trafic illicite chez la grande majorité des membres d'ICOM »[41]. Par ailleurs, la reconnaissance de la participation (directe ou indirecte) du musée au trafic illicite de biens culturels, de par son activité essentielle d'enrichissement des collections, est le préalable nécessaire pour que le musée organise effectivement la lutte contre ce fléau. Cette prise de conscience a aussi conditionné l'évolution du positionnement du musée vis-à-vis du trafic illicite de biens culturels, i.e. d'une logique de prédation à l'instauration d'une véritable intelligence et déontologie muséales.

Les musées sont les plus à même de comprendre et d'évaluer leur rôle au sein de la société : « *ils devraient à ce titre prendre l'initiative de formuler les règles qui garantiront qu'ils remplissent effectivement ce rôle* »[42], tandis qu'ils gagneraient à aborder et à traiter de manière uniforme la question du trafic illicite de biens culturels. Bien que l'entité muséale s'approprie de plus en plus cette mission, on constate toutefois de grandes disparités au sein des musées dans leur manière d'appréhender et d'organiser la lutte contre ce fléau, et plus spécifiquement au regard des

---

[41] « *It unambiguously denounced the effects of the illicit trade in relation to the national and international patrimony, explicitly declaring that a relationship between the marketplace and the initial illicit collecting exists, and reflecting the widespread concern about illicit trafficking among the great majority of ICOM members* » (DES PORTES (E.), "Museums and ethics: long history, new developments", *International Journal of Cultural Property*, vol. 7, n°1, 1998, pp. 141-148).

[42] « *Museums themselves best understand their role in society. Thus, they should take the lead in articulating the standards that will ensure museums fulfill that role* » (TAM (S.), "In Museums We Trust: Analyzing the Mission of Museums, Deaccessioning Policies, and the Public Trust", *Fordham Urban Law Journal*, vol. 39, n°3, mars 2012, pp. 849-902).

retours et restitutions qui sont pourtant indissociables de la lutte contre le trafic illicite de biens culturels. Si les musées jouent un rôle clé dans la lutte contre le trafic illicite de biens culturels, les disparités dans leur manière de l'appréhender et de l'organiser ne sont pas nécessairement de leur ressort. Les différences dans le degré d'engagement et de volonté politiques des Etats en matière de lutte contre le trafic illicite de biens culturels (préalable incontournable à la ratification, l'adhésion ou l'acceptation des instruments internationaux pertinents et leur consécutive mise en œuvre) se matérialisent par un manque d'uniformité dans l'application de ces instruments. Toutefois, cela est contrebalancé par l'élaboration et l'élévation de standards éthiques et d'une déontologie propres aux musées et à leurs professionnels. Ainsi, si la pluralité des musées rend difficile la création d'un consensus en matière de lutte contre le trafic illicite de biens culturels au sein de la communauté muséale, le dialogue opportun qui peut exister entre le droit et l'éthique prend ici toute son importance.

Considérant la vulnérabilité du musée face au trafic illicite des biens culturels (de par son éventuel statut de victime), mais également sa potentielle responsabilité dans la persistance du trafic illicite (de par son activité d'enrichissement des collections et donc de sa qualité d'opérateur du marché de l'art), le musée est doublement saisi par ces problématiques. Tantôt victime ou participant (direct ou indirect), le positionnement pluriel du musée vis-à-vis du trafic illicite de biens culturels conditionne son attitude, ses obligations et ses initiatives à l'égard de ce fléau. Quelles sont alors les réponses disponibles et formulées par les musées à l'encontre de ce dilemme international ?

En quoi le positionnement pluriel du musée au sein du trafic illicite de biens culturels conditionne-t-il son action et son organisation à l'encontre de ce fléau ?

L'étude du cadre juridique international et des principes éthiques entourant la pratique des musées au regard de la lutte contre le trafic illicite de biens culturels permet d'évaluer la réponse de la communauté internationale et muséale face à ce fléau, et d'apprécier à quel point son enrayement dépend des efforts des gouvernements, du degré de conformité des principes déontologiques par les musées et leurs professionnels et de l'articulation entre ces deux corps de règles (**Partie I**). Si le musée demeure relativement tributaire de la volonté politique de son Etat d'établissement, il lui reste cependant un espace à conquérir, dans la mesure où il peut agir en tant que force « *ad hoc* » de proposition dans la lutte contre le trafic illicite de biens culturels (**Partie II**).

PARTIE I

CADRE JURIDIQUE INTERNATIONAL ET PRINCIPES ÉTHIQUES ENTOURANT LA PRATIQUE DES MUSÉES POUR PRÉVENIR ET CONTRER LE TRAFIC ILLICITE DE BIENS CULTURELS

Le cadre juridique international et les principes éthiques entourant la pratique des musées pour prévenir et contrer le trafic illicite de biens culturels sont constitutifs d'une évolution progressive et significative des comportements des musées. La lutte contre le trafic illicite de biens culturels menée par l'entité muséale repose, d'une part, sur les efforts des gouvernements quant à la ratification et la mise en œuvre des instruments pertinents et, d'autre part, sur les efforts des musées et de leur personnel pour observer et se conformer aux principes éthiques et codes de déontologie qui, bien que non-contraignants, n'ont pas moins vocation à être appliqués[43].

La lutte contre le trafic illicite de biens culturels est au carrefour de considérations de droit international public et de droit international privé. Le musée n'étant pas un sujet de droit international public, il reste tributaire de la volonté

---

[43] KIRBY (C. L.), "Stolen Cultural Property: Available Museum Responses to an International Dilemma", *Dickinson Law Review,* vol. 104, n°4, 1999-2000, pp. 729-748. Il convient de souligner à cet égard la forte dimension hortative de ces instruments.

politique de son Etat d'établissement à l'égard des instruments internationaux pertinents et de l'élaboration d'une législation nationale adaptée à la réalité du trafic.

La lutte contre le trafic illicite de biens culturels telle que menée par l'entité muséale s'inscrit dans un cadre juridique nécessairement élevé au niveau international en raison de la nature transfrontalière du trafic (**Section 1**) et dans un cadre éthique largement façonné et mûri par ses propres sujets[44] (musées et professionnels des musées) (**Section 2**) qui, bien que procédant d'une élaboration fondamentalement distincte, se répondent opportunément.

---

[44] Il est donc substantiellement évolutif.

SECTION 1 : Cadre juridique et instruments internationaux

Le trafic illicite de biens culturels est un phénomène international. La nature transfrontalière du trafic nécessite une action coordonnée et la mise en place de mécanismes au niveau international. La Convention de 1970 et la Convention d'UNIDROIT sur les biens culturels volés ou illicitement exportés adoptée à Rome le 24 juin 1995 (ci-après la « Convention UNIDROIT ») constituent les deux piliers incontournables et complémentaires de la coopération internationale pour la lutte contre le trafic illicite de biens culturels.

Comment ces deux instruments internationaux appréhendent-ils juridiquement l'entité muséale ? Dans quelle mesure leurs dispositions respectives atteignent-elles et impactent-elles la pratique des musées ? Quelle lecture les musées ont-ils de ces deux outils internationaux, au-delà des seules données de ratification, d'acceptation ou d'adhésion de ces instruments par leur Etat respectif d'établissement ?

Pour répondre à ces questions, il est nécessaire d'évaluer à quel point la Convention de 1970 (**§1**) et la Convention UNIDROIT (**§2**) ont respectivement et mutuellement induit des développements positifs dans la pratique des musées.

§1 Les développements positifs induits par la Convention UNESCO de 1970 dans la pratique des musées

Un point clé est d'apprécier comment l'entité muséale est saisie par la Convention de 1970 (**A**), avant d'évaluer l'impact de cet instrument international sur la pratique des musées (**B**).

A. L'entité muséale telle que saisie par la Convention UNESCO de 1970

Quelle acception la Convention de 1970 a-t-elle du musée et de son rôle en matière de lutte contre le trafic illicite de biens culturels ? Dans quelle mesure le musée et ses pratiques sont-ils visés et couverts par la Convention de 1970 ? Quelle lecture en font les Etats parties ? En premier lieu, une attention particulière sera portée au préambule de cet instrument international (**1**), avant de s'intéresser, en second lieu, aux articles de fond de la Convention de 1970 intéressant expressément l'entité muséale (**2**).

1) Le musée dans le préambule de la Convention UNESCO de 1970

a. La définition du terme de musée : une ambiguïté de la Convention UNESCO de 1970

La Convention de 1970 a été adoptée le 14 novembre 1970 lors de la seizième session de la Conférence générale, conformément à l'Acte constitutif de l'UNESCO[45]. Une convention internationale est un

[45] Aux termes de l'Acte constitutif de l'UNESCO, l'adoption d'une convention internationale fait partie des prérogatives de la Conférence générale et requiert une majorité des deux tiers. La Constitution de l'UNESCO a été signée par quarante-et-un Etats à l'issue de la

« *accord entre deux ou plusieurs Etats ou organisations internationales comportant l'octroi réciproque de droits et l'acceptation d'obligations* »[46]. La Convention de 1970 est un instrument de droit international, traitant du problème du trafic illicite de gouvernement à gouvernement[47]. A ce titre, les musées (ou plus précisément leur organe respectif de contrôle) ne peuvent en aucun cas être considérés comme les sujets juridiques à qui s'adresse directement la Convention. Le cadre législatif applicable au musée va nécessairement procéder de l'Etat dans lequel il se situe. Ils peuvent toutefois être regardés comme des sujets indirects, des destinataires successifs au filtre national de leur Etat respectif d'établissement, à condition que ce dernier soit partie à ladite Convention[48]. Le musée, en tant

---

Conférence pour la création de cette organisation réunie à Londres du 1er au 16 novembre 1945. L'Acte constitutif est entré en vigueur le 4 novembre 1946 après avoir été ratifié par vingt signataires (UNESCO. *Convention créant une Organisation des Nations Unies pour l'éducation, la science et la culture.* Londres, Royaume-Uni, 16 novembre 1945).

[46] Universalis. *Conventions internationales* [en ligne], URL : https://www.universalis.fr/encyclopedie/conventions-internationales/ [page consultée le 1/07/2021].

[47] Comme cela a été affirmé par la Cour de cassation en 2006 dans le litige opposant la République fédérale du Nigeria à M. Alain de Montbrison, antiquaire en arts primitifs (tel que renseigné dans l'arrêt). L'objet du litige était la revendication, par la République fédérale du Nigeria, de plusieurs statues d'origine Nok, appartenant ou mises en vente par l'antiquaire : « *Aux motifs que les dispositions de la Convention de l'ONU du 14 novembre 1970, sur les biens culturels, ne sont pas directement applicables dans l'ordre juridique interne des Etats parties, ne stipulent des obligations qu'à la charge de ces derniers et ne créent aucune obligation directe dans le chef de leurs ressortissants ; que l'action contre l'antiquaire n'est pas fondée* » (Cour de cassation, Première Chambre civile, 20 septembre 2006, 04-15.599).

[48] Le « filtre national » implique ici nécessairement des mesures de transposition ou d'intégration du contenu de la Convention dans le droit interne, aspect qui sera développé ultérieurement.

qu'institution dont l'une des activités principales consiste en l'enrichissement de ses collections, « *doit appuyer les efforts des Etats dans la lutte contre le trafic illicite de biens culturels en ne contribuant pas à l'importation illicite de biens culturels, que ce soit directement en acquérant des biens sans provenance ou indirectement en acceptant des dons à la provenance douteuse* »[49].

La pluralité et la diversité de musées existant à travers le monde (de par leur organe de contrôle, leur nature publique ou privée, leur modèle d'organisation, leurs activités, leurs modes de financement…) ne peuvent être reflétées *in extenso* dans un instrument de droit international. Or, si la Convention de 1970 contient une définition des biens culturels visés aux articles premier et 4 (délimitant ainsi le champ matériel de la Convention de 1970, également précisé aux articles 3 et 11), elle ne comporte pas de définition du terme de musée, pourtant pluriel, ce qui peut être considéré comme l'une des ambiguïtés inhérentes à la Convention de 1970[50]. Il convient en effet de souligner qu'en droit, l'intérêt d'une norme définitoire est de permettre d'en circonscrire le champ d'application. Certes, le musée n'est pas entendu comme destinataire direct de la Convention de 1970. Toutefois, son rôle en matière de lutte contre le trafic illicite de biens culturels est incontournable. La définition du musée revêt donc un caractère essentiel à la lumière des enjeux de la Convention de 1970.

---

[49] « *Collecting institutions must support States by not contributing to illicit import either directly by buying unprovenanced material from dealers or indirectly by accepting tainted gifts* » (J. O'KEEFE (P.), *Commentary on the 1970 UNESCO Convention. Second Edition*, Leicester, Institute of Art and Law, 2007, p. 33).

[50] NAFZIGER (J.A.R.), "The 1970 UNESCO Convention: insights, circumspections and outlooks", *op. cit.*

Il apparaît dès lors pertinent d'apprécier plus largement quelle acception l'organisation UNESCO (et donc nécessairement ses Etats membres pris dans leur ensemble) a du *musée*. La Recommandation de 2015 peut en ce sens apparaître comme relativement tardive, et non moins cruciale, dans la clarification des missions de l'entité muséale et dans l'appréhension de la nature du champ muséal mondial[51]. Cet instrument de *soft law* reprend la définition du musée telle qu'élaborée par l'ICOM[52]. Le terme de musée tel qu'utilisé dans la Convention de 1970, c'est-à-dire en l'absence de définition, permet une interprétation large ou au contraire a pu justifier l'émission de réserves ou de déclarations de la part d'Etats lors de leur accession à cet instrument, à l'instar des Etats-Unis.

b. Les activités et missions du musée telles qu'énoncées dans le préambule

Comme stipulé à l'article 31 (2) de la Convention de Vienne sur le droit des traités de 1969, « *aux fins de l'interprétation d'un traité, le contexte comprend, outre le texte, préambule et annexes inclus* ». En d'autres termes, le préambule fait partie du contexte dans lequel les traités internationaux doivent être interprétés, en ce qu'il établit des principes généraux permettant d'en orienter l'interprétation[53]. En devenant parties, les Etats signifient avoir pris connaissance des principes qui y sont formulés.

---

[51] UNESCO. *Rapport sur la mise en œuvre de la recommandation de l'UNESCO concernant la protection et la promotion des musées et des collections, de leur diversité et de leur rôle dans la société du 17 novembre 2015*, 2019.

[52] Définition du musée telle que contenue dans les Statuts de l'ICOM adoptés lors de la vingt-deuxième Assemblée générale à Vienne (Autriche) le 24 août 2007.

[53] J. O'KEEFE (P.), *Commentary on the 1970 UNESCO Convention. Second Edition*, *op. cit.*, p. 32.

Le préambule constitue « *la base morale et politique des dispositions juridiques qui sont énoncées ensuite* »[54], tandis que le dialogue de ce dernier avec les articles de fond peut, sous certaines conditions, conférer le caractère d'une obligation à un principe qui y figure[55].

Le terme de *musée* est visé dès le préambule de la Convention de 1970, en son cinquième *considérant* : « *les musées, les bibliothèques et les archives, en tant qu'institutions culturelles, doivent veiller à ce que la constitution de leurs collections soit fondée sur des principes moraux universellement reconnus* ». La Convention de 1970 est intervenue à la demande de pays sources nouvellement indépendants (notamment en Amérique Latine et Afrique), soucieux du devenir des biens culturels disparus pendant la période coloniale et pour beaucoup conservés dans les musées des anciens pays colonisateurs. La mention d'obligations morales et de principes moraux empreints d'universalité est à cet égard intéressante, de surcroît à la lumière du dialogue entre éthique et droit qui entoure la lutte contre le trafic illicite de biens culturels. Bien que la Convention de 1970 ne mentionne expressément, ni ne donne davantage d'indications sur l'essence de ces principes, il est ici question de l'obligation morale de chaque Etat membre au respect de son patrimoine culturel et de celui de toutes les nations, mais également du respect et de l'estime mutuels entre les nations[56], dans le sillage de la recommandation de

---

[54] *Sud-Ouest Africain, deuxième phase*, arrêt, CIJ Recueil 1966, p. 6.

[55] « *Vu à la lumière des circonstances précitées, le principe apparaît clairement comme ayant été destiné à avoir le caractère d'une obligation, et non à rester seulement formule vide* » (*Affaire relative aux droits des ressortissants des Etats-Unis d'Amérique au Maroc*, Arrêt du 27 août 1952 : CIJ Recueil 1952, p. 176).

[56] La recommandation concernant les mesures à prendre pour interdire et empêcher l'exportation, l'importation et le transfert de propriété

1964 concernant les mesures à prendre pour interdire et empêcher l'exportation, l'importation et le transfert de propriété illicites des biens culturels.

Le premier *considérant* mentionne quant à lui que « *l'échange de biens culturels entre nations à des fins scientifiques, culturelles et éducatives approfondit la connaissance de la civilisation humaine, enrichit la vie culturelle de tous les peuples et fait naître le respect et l'estime mutuels entre les nations* ». Or, le musée est clairement inclus dans cette perspective d'échanges de biens culturels, en tant que « *partie prenante concernée par le mouvement des biens culturels* »[57]. Plus généralement, la participation du musée dans la chaîne de circulation des biens culturels est incontournable, au vu de son activité inhérente de constitution et de conservation de collections, mais également de sa potentielle participation à des programmes de prêts. C'est dans le contexte de son activité d'acquisition, et plus largement de son activité de gestion de ses collections, que le musée est susceptible de concourir, que ce soit directement ou indirectement et de bonne ou mauvaise foi, au trafic illicite de biens culturels, d'où la formulation du cinquième *considérant* exhortant les musées à constituer leurs collections selon « *des principes moraux universellement reconnus* ».

---

illicites des biens culturels donne en effet des indices sur le contenu de ces principes (UNESCO. *Recommandation concernant les mesures à prendre pour interdire et empêcher l'exportation, l'importation et le transfert de propriété illicites des biens culturels*, 19 novembre 1964).

[57] UNESCO. *Directives Opérationnelles pour la mise en œuvre de la Convention de 1970*, 2015.

2) Le musée dans les articles de fond de la Convention UNESCO de 1970

a. Le terme de musée tel que contenu aux articles 5 et 7 de la Convention de 1970

La Convention de 1970 contient 26 articles. Le terme de *musée* est explicitement cité aux articles 5 (c) et 7. Ainsi, la Convention de 1970 stipule, en son article 5 c), que « *afin d'assurer la protection de leurs biens culturels contre l'importation, l'exportation et le transfert de propriété illicites, les Etats parties à la présente Convention s'engagent dans les conditions appropriées à chaque pays à instituer sur leur territoire, dans la mesure où ils n'existent pas déjà, un ou plusieurs services de protection du patrimoine culturel dotés d'un personnel qualifié et en nombre suffisant pour assurer de manière efficace les fonctions énumérées ci-dessous : (c) promouvoir le développement ou la création des institutions scientifiques et techniques (musées, bibliothèques, archives, laboratoires, ateliers, etc.) nécessaires pour assurer la conservation et la mise en valeur des biens culturels* ». Est ainsi rappelée la mission initiale du musée, à savoir la conservation et la mise en valeur du patrimoine culturel, tandis que les articles 5 (e), 5 (f), 5 (g) induisent une obligation pour les Etats parties à encourager les politiques d'acquisition responsable dans les institutions de collecte, à l'instar des musées[58]. Plus spécifiquement, les Etats parties à la Convention de 1970 s'engagent à « *établir, à l'intention des personnes intéressées (conservateurs, collectionneurs, antiquaires, etc.), des règles conformes aux principes éthiques formulés dans la présente Convention et veiller au respect de ces règles* » (article 5 (e)), à « *exercer une action*

---

[58] J. O'KEEFE (P.), *Commentary on the 1970 UNESCO Convention. Second Edition*, *op. cit.*, p. 57.

éducative afin d'éveiller et de développer le respect du patrimoine culturel de tous les Etats et diffuser largement la connaissance des dispositions de la présente Convention » (article 5 (f)), et à « *veiller à ce qu'une publicité appropriée soit donnée à tout cas de disparition d'un bien culturel* » (article 5 (g)).

La Convention de 1970 stipule, en son article 7 (a), que les Etats parties à ladite convention s'engagent « *à prendre toutes les mesures nécessaires, conformes à la législation nationale, pour empêcher l'acquisition, par les musées et autres institutions similaires situés sur leur territoire, de biens culturels en provenance d'un autre Etat partie à la Convention, biens qui auraient été exportés illicitement après l'entrée en vigueur de la Convention ; dans la mesure du possible, à informer l'Etat d'origine, partie à la présente Convention, des offres de tels biens culturels sortis illicitement du territoire de cet Etat après l'entrée en vigueur de la présente Convention, à l'égard des deux Etats en cause* ». L'institution muséale est ici visée dans son activité d'enrichissement de ses collections, tandis que la position de « victime » du musée est ensuite envisagée, à l'article 7 (b), en ce que les Etats parties à la Convention s'engagent « *(i) à interdire l'importation des biens culturels volés dans un musée ou un monument public civil ou religieux, ou une institution similaire, situés sur le territoire d'un autre Etat partie à la présente Convention après l'entrée en vigueur de celle-ci à l'égard des Etats en question, à condition qu'il soit prouvé que ce ou ces biens font partie de l'inventaire de cette institution* ». L'ambivalence du positionnement du musée face au trafic illicite est ici admise, en ce que les musées peuvent à la fois être « *les victimes de vol d'œuvres d'art, les acquéreurs innocents ou encore les bénéficiaires d'acquéreurs innocents qui acquièrent sans le savoir des objets dont la provenance est entachée* »[59], sans écarter les hypothèses d'acquisition de mauvaise foi de la part de conservateurs de musée indélicats ou, tout au contraire, les cas de figure où le musée agit en sentinelle auprès des forces de l'ordre, en cas d'éventuels soupçons sur l'origine d'un bien culturel[60].

b. Des engagements disparates selon les Etats parties : l'illustration par l'article 7(a)

Il apparaît qu'en règle générale, l'article 7 (a) « *ne s'impose pas aux musées et autres institutions similaires comme véritable norme contraignante de nature à faire échec à des acquisitions de biens culturels exportés illicitement* »[61]. Ce constat est à mettre en perspective avec l'ajout souhaité par la délégation américaine lors des

---

[59] « *Museums occupy a precarious position in this tangled web of fraud and deceit. Museums may be the victims of art theft, the innocent purchasers, or the beneficiaries of innocent purchasers who unknowingly acquire artifacts with tainted provenance* » (KIRBY (C. L.), "Stolen Cultural Property: Available Museum Responses to an International Dilemma", *op. cit.*).

[60] Les musées jouent un rôle fondamental dans la lutte contre le trafic illicite de biens culturels car ils sont, dans la majeure partie des cas, la destination souhaitée par les trafiquants d'objets et d'œuvres d'art, du fait de leur capacité économique sans précédent, notamment les musées qui revêtent le caractère de fondation. Dès lors, les musées sont non seulement de potentiels destinataires aux yeux des trafiquants, mais également, et en tant que tels, de véritables « sentinelles » qui aviseraient les forces de l'ordre d'éventuels soupçons sur un bien culturel. A titre d'exemple, le CCTPC (carabiniers italiens) agit comme levier sur le sens de responsabilité à inculquer aux musées (FERRARI (G.), Officier chargé de la section opération et logistique du *Comando Carabinieri per la Tutela del Patrimonio Culturale*, communication personnelle, 11 mai 2016).

[61] CORNU (M.), "La mise en œuvre de la Convention UNESCO de 1970 en Europe. Eléments de réflexion préparés à l'intention des participants à la Deuxième Réunion des États parties à la Convention de 1970", Paris, 20-21 juin 2012.

négociations de la Convention de 1970 de la mention « *conformes à la législation nationale* », renvoyant ainsi à la législation de l'Etat requérant[62].

Les Etats-Unis ont également précisé, sous la forme d'une déclaration lors de l'acceptation de la Convention de 1970, que ce même article « *serait interprété de manière à limiter l'effet de cette mesure aux musées dont les politiques d'acquisition sont contrôlées par l'Etat* »[63], vidant

---

[62] Certains auteurs évoquent le rôle des Etats-Unis « *in changing the original language of the draft UNESCO Convention* », à l'instar de Lenzner, qui évoque le rôle crucial de la délégation américaine dans la suppression de l'esprit originel de l'article 7 de la Convention UNESCO couvrant les biens culturels exportés illégalement : tel qu'il était à l'origine, le projet du Secrétariat de la Convention de l'UNESCO aurait obligé les pays signataires (ce que les Etats-Unis se destinaient à être) à respecter et à appliquer les lois d'exportation des autres pays. A noter à cet égard que l'exportation illégale doit être distinguée de l'importation illégale. La légalité de la première est jugée par les lois du pays d'exportation, tandis que la légalité de la seconde est jugée par les lois du pays importateur. Or, comme le souligne l'auteur, « *La règle générale - vraie aux Etats-Unis, en Angleterre, en France, en Allemagne et en Suisse, entre autres - est qu'une exportation illégale n'empêche pas en soi une importation légale* ». En définitive, « *l'article 7 de la Convention de l'UNESCO a été considérablement affaibli par la suppression de l'obligation des Etats importateurs de restituer les œuvres exportées illégalement* » (LENZNER (N. R.), "The Illicit International Trade in Cultural Property: Does the UNIDROIT Convention Provide an Effective Remedy for the Shortcomings of the UNESCO Convention", *University of Pennsylvania Journal of International Business Law*, vol. 15, n°3, Fall 1994, pp. 469-508).

[63] « *It was stated that the section would be interpreted so as to confine the effect of this measure to museums whose acquisition policies are controlled by the State* » (J. O'KEEFE (P.), *Commentary on the 1970 UNESCO Convention. Second Edition*, *op. cit.*, p. 56). Plus précisément, au titre des déclarations et réserves à la Convention UNESCO de 1970 : « *Etats-Unis d'Amérique [lors de l'acceptation] : Les Etats-Unis considèrent que l'alinéa (a) de l'article 7 s'applique aux institutions dont la politique d'acquisitions est soumise à un contrôle au*

quasiment la disposition de son essence en ce qui les concerne, puisque la plupart des musées américains sont des entités privées et que le nombre d'institutions alors potentiellement concernées par cette disposition s'en trouve considérablement réduit[64]. Il est toutefois utile de signifier que le contrôle peut être la conséquence d'une propriété publique, mais également d'une loi qui s'imposerait naturellement à l'ensemble des musées, qu'ils soient publics ou privés.

Bien que la politique d'acquisition d'une grande majorité des institutions muséales situées sur le sol américain ne soit pas subordonnée au contrôle de l'Etat, les musées américains sont « *soumis à un contrôle en raison des avantages fiscaux et du soutien inconditionnel dont ils bénéficient de la part du gouvernement* ». Dès lors, « *la réglementation gouvernementale des politiques d'acquisition pourrait être liée à un soutien accru des musées par le gouvernement, comme une sorte de contrepartie* »[65]. Il n'est sans doute pas inopportun d'attendre d'un gouvernement de subordonner la majoration de l'aide qu'il est en mesure d'octroyer à des entités privées à l'adoption de politiques et de standards d'acquisition

---

niveau national en vertu de la législation interne et qu'il n'impose pas l'obligation d'édicter de nouvelles lois pour instituer un tel contrôle sur d'autres institutions ».

[64] Dans son commentaire de la Convention de 1970, J. O'Keefe les a identifiées comme suit : la Bibliothèque du Congrès, les Archives nationales et, éventuellement, l'Institution Smithsonian et la National Gallery de Washington (*Ibid.*, p. 56).

[65] « *While almost all museums cannot be considered instrumentalities of the US Government, they are subject to control, because of the tax advantages and outright support that accrue to United States museums from all levels of Government. Government regulation of acquisition policies, he suggests, might be tied, as a sort of quid pro quo, to further support of museums by the Government* » (*Ibid.*, p. 57).

éthiques[66]. Cette suggestion formulée par le professeur Nafziger en 1975 est toutefois à recontextualiser et sa potentielle retombée à minimiser, au vu du constat global d'une réduction progressive du financement public depuis plusieurs décennies, amenant les musées à diversifier de manière significative leurs sources de financement. Par ailleurs, l'idée d'une éthique subordonnée à l'octroi d'une aide financière peut apparaître comme relativement incongrue et décidément fragile.

Encourager les institutions muséales à œuvrer selon des pratiques éthiques et dans le respect des normes établies par la Convention de 1970 demeure incontournable, tandis qu'un grand nombre d'institutions muséales privées américaines ont adopté, de leur propre chef, de tels standards et pratiques éthiques dans le cadre de leur politique d'acquisition, à l'image des lignes directrices adoptées par l'*American Alliance of Museums* (ci-après « AAM », anciennement *l'American Association of Museums*[67]) et l'*Association of Art Museum Directors* (ci-après « AAMD »)[68]. En procédant ainsi, ces organisations

---

[66] « *It might not be unfairly expected of a government, including one which will not pass legislation to take control of the acquisition policies of private institutions, to draw the attention of such persons to the desirability of ethical practices and the standards established by the Convention and to make further government assistance dependent on adoption of ethical acquisition policies* » (*Ibid.*, p. 57).

[67] Le changement de nom a eu lieu en 2012 (AAM. *Press release - American Association of Museums Is Now the American Alliance of Museum*, 5 septembre 2012).

[68] L'AAM a élaboré trois documents importants : le Code de déontologie pour les musées (*AAM Code of Ethics for Museums*, adopté en 1993 et révisé en 2000), les directives sur l'exposition d'objets empruntés (*Guidelines on Exhibiting Borrowed Objects*, 2000) et les directives concernant l'appropriation illicite d'objets pendant l'ère nazie (*Guidelines concerning the Unlawful Appropriation of Objects during the Nazi Era*, 1999, modifié en 2001), tandis que l'AAMD a adopté les

tendent à faire progresser le milieu muséal en établissant et promouvant les normes professionnelles et éthiques les plus élevées, afin d'attester de la capacité d'auto-régulation des musées et professionnels de musées[69].

L'impact de la disposition contenue à l'article 7 (a) pour un Etat comme la France est tout autre, en ce qu'une majorité de musées et d'institutions similaires présents sur le territoire français sont susceptibles d'être visés par cet article. La délégation française n'a par ailleurs pas émis de réserve ou produit une quelconque déclaration contredisant cela lors de la ratification de la Convention en 1997. Comme souligné précédemment, on peut raisonnablement admettre que l'article 7 (a) se réfère aux musées de manière générale. Si de nombreuses législations nationales ne définissent pas exactement la notion de musée, le Code du patrimoine français produit une définition du musée et pose par ailleurs les conditions d'octroi à l'appellation « Musées de France »[70]. Aux termes du Code du patrimoine, le musée

---

lignes directrices sur les prêts d'antiquités et d'art ancien (*Guidelines on Loans of Antiquities and Ancient Art*, 2006) et publié le Rapport (révisé) du groupe de travail de l'AAMD sur l'acquisition de matériel archéologique et d'art ancien (*Report of the AAMD Task Force on the Acquisition of Archaeological Material and Ancient Art, 2008*) (FRIGO (M.), "Ethical Rules and Codes of Honor Related to Museum Activities: A Complementary Support to the Private International Law Approach Concerning the Circulation of Cultural Property", *International Journal of Cultural Property*, vol. 16, n°1, 2009, pp. 49-66).

[69] « *Both of these organizations seek to advance the museum field by establishing and promoting the highest professional and ethical standards in order to validate the self-governance of museums* » (TAM (S.), "In Museums We Trust: Analyzing the Mission of Museums, Deaccessioning Policies, and the Public Trust", *op. cit.*).

[70] À ce jour, 1216 musées ont reçu l'appellation « Musée de France » créée par la loi du 4 janvier 2002 (Ministère de la Culture. *Appellation Musée de France* [en ligne], URL : https://www.culture.gouv.fr/Aides-demarches/Protections-labels-et-appellations/Appellation-Musee-de-France [page consultée le 30 octobre 2022]). Tous les musées situés en

n'est pas le lieu qui conserve, mais bien la collection qui y est abritée[71].

L'article 7 (a) tel que rédigé dans sa forme finale, et comprenant donc l'ajout de la délégation américaine, apparaît comme un compromis « *entre un amendement faible qui aurait obligé les parties à, entre autres, transmettre aux musées et autres institutions le texte de la convention et à faire tout leur possible pour obtenir l'adhésion de ces musées et institutions aux principes d'acquisition éthique, et un amendement fort qui aurait interdit l'acquisition de biens culturels par tout musée sur le territoire d'un Etat partie à moins d'être accompagnée d'un certificat d'exportation de son Etat d'origine* »[72].

Les Etats-Unis ne sont pas les seuls à avoir émis des réserves et/ou formulé des déclarations autour d'un ou plusieurs articles de la Convention de 1970. Or, si la

---

France ne bénéficient pas de cette appellation, tandis que certaines structures, qui ne sont pourtant pas des musées, bénéficient de cette appellation. C'est le cas de certaines fondations.

[71] La dynamique à la base de cette définition est la suivante : « *En miroir du concept de musée s'instille l'idée de faire collection* » (NEGRI (V.), "Guerres, conflits et collections. Les musées et l'obligation de restituer des biens culturels", *op. cit.*).

[72] « *The present provision was a compromise between a weak amendment, which would have required parties, inter alia, to transmit to museums and other institutions the text of the convention, and to make every effort to obtain the support of such museums and institutions for the principles of ethical acquisition, and a strong amendment which would have prohibited acquisition of cultural property by any museum within the territory of a state party unless accompanied by an export certificate from its State of origin. If the compromise was between these two positions, Article 7 (a) can hardly be interpreted as weaker than the weak position, which at least required transmission of information to the appropriate institutions and encouragement of ethical acquisition policies* » (J. O'KEEFE (P.), *Commentary on the 1970 UNESCO Convention. Second Edition*, *op. cit.*, p. 57).

capacité des Etats à émettre des réserves, ententes ou déclarations a sans aucun doute permis d'optimiser le nombre d'Etats parties à la Convention, la disparité qui en résulte en termes d'engagements et de mise en œuvre des règles au plan national a affaibli la Convention en mettant en échec son dessein d'uniformité[73].

B. L'impact de la Convention UNESCO de 1970 sur les musées

L'impact de la Convention de 1970 sur les musées et leur politique d'acquisition est indéniable (**1**), tandis qu'il dépasse les seules données de ratification, d'accession ou d'adhésion de la Convention par les Etats d'établissement des musées (**2**).

[73] « *The resulting competence of parties to enter reservations, understandings and declarations has helped maximize commitments to the Convention of various sorts. But the resulting patchwork of commitments has also weakened the Convention by defeating uniformity* » (NAFZIGER (J.A.R.), "The 1970 UNESCO Convention: insights, circumspections and outlooks", *op. cit.*). De plus, l'émission de réserves et/ou de declarations « […] *affect the degree to which states follow provisions of the UNESCO Convention, particularly where museums are not bound by any state law* ». Très critique envers les musées, l'auteur ajoute que « […] *the differences in the domestic legislation implementing the Convention contribute to the continued prevalence of illegally acquired artworks in museums* » (WEISS (L.J.), "The Role of Museums in Sustaining the Illicit Trade in Cultural Property", *Cardozo Arts & Entertainment Law Journal*, vol. 25, n°2, 2007, pp. 837-876).

1) L'impact de la Convention de 1970 sur les musées situés dans les Etats parties

a. La réalité de la mise en œuvre de la Convention UNESCO de 1970

143 Etats sont à ce jour parties à la Convention UNESCO de 1970[74]. Si la vocation universelle de la Convention de 1970 semble progresser (en atteste le nombre croissant d'Etats parties à la Convention depuis son entrée en vigueur le 24 avril 1972), les efforts de la Réunion des Etats parties à la Convention (l'un des organes statutaires de la Convention, aux côtés du Comité subsidiaire) se concentrent sur la progression du nombre d'Etats parties, tel que cela est reflété dans les résolutions adoptées à l'issue de la sixième Réunion des Etats parties à la Convention, qui s'est tenue les 25 et 26 mai 2021, au siège de l'UNESCO à Paris[75].

---

[74] L'Etat insulaire des Comores, le Turkménistan et le Malawi sont les trois derniers Etats à avoir ratifié (ou accepté, dans le cas du Malawi) la Convention de 1970, en date du 17 mars 2021, du 1er juin 2022 et du 7 juillet 2022, respectivement. Les Comores sont le huitième pays d'Afrique de l'Est à avoir ratifié cet instrument après Djibouti, l'Ethiopie, Madagascar, Maurice, le Rwanda, les Seychelles et la Tanzanie (UNESCO. *Les Comores ratifient la Convention de 1970 de l'UNESCO pour la protection des biens culturels* [en ligne], 24 mars 2021, URL : https://www.unesco.org/fr/articles/les-comores-ratifient-la-convention-de-1970-de-lunesco-pour-la-protection-des-biens [page consultée le 4/07/2022]), tandis que le Turkménistan est le cinquième pays d'Asie centrale à ratifier cet instrument, « [...] *ce qui signifie que tous les pays d'Asie centrale y ont désormais adhéré* » (UNESCO. *Le Turkménistan ratifie la Convention de 1970 de l'UNESCO pour la lutte contre le trafic illicite de biens culturels* [en ligne], 22 août 2022, URL : https://bit.ly/3xtd4Vd [page consultée le 16/09/2022]).

[75] Résolution 6.MSP.7.5 : « *Encourage les 52 Etats membres de l'UNESCO qui ne sont pas encore parties à la Convention à la ratifier* » (UNESCO. *Résolutions*, Sixième Réunion des Etats Parties de la Convention de 1970, C70/21/6.MSP/Resolutions, 2021). Depuis juin

Toutefois, au-delà de l'état factuel du nombre de ratifications, une attention particulière doit être portée aux instruments d'intégration et/ou de transposition du contenu de la Convention de 1970 dans le droit interne des Etats parties (e.g. loi d'intégration). En effet, l'une des caractéristiques principales de la Convention de 1970 est qu'elle n'est pas directement applicable au plan national (contrairement à la Convention UNIDROIT). La ratification pure et simple de la Convention de 1970 ne suffit pas, en ce que sa mise en œuvre effective dépend de son implémentation dans la législation nationale et dans la mise en place de mécanismes opérationnels[76]. Or, il apparaît qu'un « *certain nombre d'États ont ratifié la Convention de 1970 sans engager de réflexion sur l'impact des règles de la Convention sur le droit interne et sur la nécessité de faire évoluer leur législation interne* »[77]. Ce constat, exprimé au niveau de l'Union européenne, peut malheureusement être élargi au niveau international. Aussi « *compte tenu des disparités observées dans la mise en œuvre des règles au plan national, serait-il intéressant de réfléchir sinon à une loi type de transposition, du moins à des éléments pouvant servir à son élaboration* »[78].

Les travaux en cours relatifs à l'élaboration de dispositions modèles sur la prévention et la lutte contre le trafic illicite de biens culturels concourent au développement d'outils à la disposition des Etats pour la

---

2022 et la ratification de la Convention de 1970 par le Turkménistan, ce nombre s'élève à 51 Etats membres.

[76] UNESCO. *Fighting the Illicit Trafficking of Cultural Property: a toolkit for European judiciary and law enforcement*, 2018.

[77] CORNU (M.), "La mise en œuvre de la Convention UNESCO de 1970 en Europe. Eléments de réflexion préparés à l'intention des participants à la Deuxième Réunion des États parties à la Convention de 1970", *op. cit.*

[78] Cette suggestion intéresse les Etats de l'Union européenne (*Idem*).

mise en œuvre de la Convention de 1970. Conformément au paragraphe 5.a de la Résolution 5.MSP.10 de la cinquième Réunion des Etats parties à la Convention de 1970 (Paris, 20 et 21 mai 2019), le Secrétariat a organisé une réunion d'experts en ligne (28 et 29 avril 2021) en vue de rédiger ces dispositions modèles sur la base de la Convention de 1970 et ses directives opérationnelles[79]. Plus spécifiquement, l'objectif de cette réunion était de discuter de la feuille de route et de la méthode d'élaboration des dispositions modèles, ainsi que des principaux chapitres de ces dispositions[80]. Onze experts (deux par groupe électoral et un pour le Groupe Va) ont été sélectionnés par les Etats parties à la Convention de 1970 sur la base de leur expertise académique et opérationnelle dans le domaine. L'organe consultatif ainsi constitué a élaboré une feuille de route, reprise à l'annexe I du Rapport sur les activités menées par le Secrétariat entre mai 2019 et mai 2021 et présentée lors de la sixième Réunion des Etats parties à la Convention de 1970 (Paris, 25 et 26 mai 2021), recommandant : (i) la mise

---

[79] UNESCO. *Résolutions*, Cinquième Réunion des Etats Parties de la Convention de 1970, C70/19/5.MSP/Resolutions, 2019.

[80] « *En ce qui concerne le contenu des dispositions modèles, l'organe consultatif a formulé plusieurs observations sur la structure et le contenu des principaux chapitres des dispositions proposés par le Secrétariat. Par exemple, l'organe consultatif a proposé la création d'un nouveau chapitre concernant les services nationaux de protection du patrimoine culturel soutenant la mise en œuvre de la Convention de 1970, y compris l'élaboration d'inventaires digitalisés. Ces différentes observations seront prises en compte par le comité de rédaction dans le premier projet de dispositions modèles. L'organe consultatif aura ensuite la possibilité de présenter de nouveaux commentaires sur le contenu des dispositions modèles lors de ses deux prochaines réunions* » (UNESCO. *Annexe 1 - Résultats de la réunion d'experts en vue de proposer un projet de dispositions modèles sur la prévention et la lutte contre le trafic illicite de biens culturels (28 et 29 avril 2021). Rapport du Secrétariat sur ses activités*, Sixième Réunion des Etats Parties de la Convention de 1970, C70/21/6.MSP/7, 2021).

en place par le Secrétariat d'un comité de rédaction, dont « *l'un des experts devra être originaire ou un spécialiste d'un pays particulièrement touché par le trafic illicite de biens culturels* »[81] ; (ii) qu'un premier projet de dispositions modèles soit proposé par ce comité ; (iii) la convocation, par le Secrétariat, d'une deuxième réunion de l'organe consultatif susmentionné pour examen de ce premier projet ; (iv) une consultation, par le Secrétariat, des parties prenantes, « *y compris la société civile, le marché de l'art et les organisations internationales partenaires de l'UNESCO dans la lutte contre le trafic illicite de biens culturels* »[82] sur ces dispositions modèles ; (v) la convocation, par le Secrétariat, d'une troisième réunion de l'organe consultatif afin d'examiner les commentaires des parties prenantes ; (vi) l'examen, par le Secrétariat et le comité de rédaction, des dispositions modèles modifiées avant que celles-ci ne soient soumises à la septième Réunion des Etats parties, en 2023, pour adoption[83]. Aux termes des paragraphes 7 et 8 de la Résolution 6.MSP 7, la Réunion des Etats parties a pris note de « *la feuille de route et la méthode pour l'élaboration des dispositions modèles élaborées lors de la première réunion d'experts en avril 2021* » et demandé au Secrétariat de « *soumettre à la Septième Réunion des Etats parties, en 2023, le projet de dispositions modèles* »[84].

La mise en œuvre de la Convention de 1970, en tant qu'instrument complémentaire de droits nationaux, passe nécessairement par la construction d'une vision nationale du patrimoine, pour laquelle les musées et leurs

[81] *Idem.*
[82] *Idem.*
[83] *Idem.*
[84] UNESCO. *Résolutions*, Sixième Réunion des Etats Parties de la Convention de 1970, C70/21/6.MSP/Resolutions, 2021.

professionnels peuvent être force de proposition et/ou susciter une volonté politique, préalable à l'adoption ou à la révision d'une législation nationale pertinente en la matière[85]. Suivant l'article 5 (a), les Etats parties sont tenus d'adopter une législation appropriée afin d'assurer la protection de leur patrimoine culturel, en vue notamment de prévenir l'importation, l'exportation et le transfert de propriété illicites de biens culturels[86] et, en vertu de l'article 16, de présenter à la Conférence générale de l'UNESCO des rapports sur les dispositions législatives et administratives qu'ils ont prises aux fins de l'application de la Convention[87]. Le volet préventif couvert par la Convention de 1970 est particulièrement significatif. Il est indéniable que cet instrument a un effet positif sur la pratique des musées, et plus particulièrement sur l'importance de la tenue d'inventaires, conformément à l'article 5 (b), qui constituent un aspect essentiel aux demandes de retour et

---

[85] Dans certains Etats où le cadre normatif national relatif à la protection du patrimoine culturel est relativement peu élaboré, cette interpellation du politique par les services du patrimoine peut avoir un impact particulièrement significatif, d'où l'importance de confronter et partager les expériences nationales, mais aussi d'organiser des ateliers de formation autour de la Convention UNESCO de 1970. La plateforme UNESCO *Database of National Cultural Heritage Laws* créée en 2005, est également un outil pertinent permettant un accès en ligne aux différentes lois sur le patrimoine culturel en vigueur, ainsi qu'une consultation rapide des lois nationales pertinentes en la matière (UNESCO. *UNESCO Database of National Cultural Heritage Laws* [en ligne], URL : https://en.unesco.org/cultnatlaws [page consultée le 30/08/2021]). A noter que le droit comparé peut être une approche pertinente pour l'élaboration ou l'actualisation des législations nationales en matière de protection du patrimoine (notamment pour les Etats africains pour lesquels une approche régionale semble incontournable, au vu de la situation hémorragique du patrimoine culturel africain), d'où l'intérêt d'une telle base de données.

[86] UNESCO. *Directives Opérationnelles pour la mise en œuvre de la Convention de 1970*, 2015.

[87] *Idem.*

restitution sous l'égide de la Convention de 1970, puisque celle-ci interdit l'importation de biens culturels volés dans un musée, un monument public civil ou religieux ou une institution similaire, à condition qu'il soit prouvé qu'ils font partie de l'inventaire de cette institution (art. 7(b) (i)).

b. La nécessaire appropriation de la Convention UNESCO de 1970 par les musées

Ces problématiques de mise en œuvre du contenu de la Convention de 1970 par les Etats parties et de la diversité de législations nationales en matière de protection du patrimoine culturel ont indéniablement un effet sur la manière dont les Etats parties sont ensuite à même d'atteindre les musées et d'impacter leurs pratiques, dans le respect et la continuité de leurs engagements au regard de la Convention de 1970. Il est par ailleurs essentiel que les professionnels du patrimoine au sein de chaque Etat partie, à l'image des professionnels de musées, s'approprient ce texte, permettant ainsi une appropriation à double échelle de cet instrument international : en premier lieu par les Etats, au travers d'une intégration adéquate de la Convention de 1970 dans leur législation nationale et, consécutivement, par d'autres opérateurs successivement atteints par la Convention de 1970, notamment les musées (et plus précisément leur organe de contrôle respectif).

En 2012, la Réunion des Etats parties créait le Comité subsidiaire, organe de suivi de la mise en œuvre de la Convention. Ce Comité, conformément à son mandat, a soumis des directives opérationnelles devant guider la mise en œuvre de la Convention de 1970 par les États parties. Ces directives, adoptées lors de la troisième Réunion des États parties tenue en mai 2015, soulignent combien il est important « *que toutes les législations nationales concernées bénéficient d'une publicité suffisante de façon à ce que les collectionneurs, les négociants, les musées et autres parties prenantes concernées par le mouvement des biens culturels puissent connaître exactement les dispositions nationales qu'ils sont tenus de respecter* »[88]. Le fait que l'UNESCO, en collaboration avec ses partenaires (à l'instar d'UNIDROIT, de l'ICOM, de l'OMD, d'INTERPOL...), organise des ateliers de formation, de sensibilisation et de renforcement des capacités à l'attention des professionnels de musée (entre autres[89]) est révélateur du rôle significatif que jouent les musées dans la lutte contre le trafic illicite de biens culturels[90]. Enfin, comme annoncé lors de la sixième Réunion des Etats parties à la Convention, le Secrétariat de la Convention de 1970 prévoit de réaliser six études régionales (une pour chaque groupe électoral de l'UNESCO) sur l'état de la lutte contre le trafic illicite de biens culturels et la situation des musées, qui visent à « *fournir des informations, des statistiques et des données actualisées sur l'état, les mécanismes, les priorités et les défis de la région et les besoins en matière de développement des capacités* »[91].

---

[88] UNESCO. *Directives Opérationnelles pour la mise en œuvre de la Convention de 1970*, 2015.

[89] A noter que les opérateurs du marché de l'art sont de plus en plus ciblés et sollicités pour participer à de telles initiatives au niveau international, en ce que leur rôle dans la lutte contre le trafic illicite de biens culturels est crucial. On peut noter à cet égard les travaux en cours concernant l'actualisation du code international de déontologie pour les négociants en biens culturels, sous l'égide de l'UNESCO.

[90] A titre d'exemple, s'est tenu un atelier national pour la célébration de la journée internationale des musées et la protection des biens culturels en Somalie le 18 mai 2021, pour lequel de nombreux professionnels des musées étaient conviés. Cet atelier était destiné à faire connaître le réseau, les ressources et les conseils disponibles auprès de l'ICOM et de présenter aux participants la Recommandation de 2015.

[91] UNESCO. *Rapport Secrétariat sur ses activités*, Sixième Réunion des Etats Parties de la Convention de 1970, C70/21/6.MSP/7, 2021.

Au-delà de la Convention de 1970 et de ses 143 Etats parties, la Recommandation de 2015 est un instrument intéressant dans la désignation et l'appréhension du musée comme acteur de la lutte contre le trafic illicite de biens culturels. En effet, en dépit de son caractère non-contraignant, elle exhorte l'ensemble des membres de l'UNESCO[92] « *à veiller à ce que les musées mettent en œuvre les principes des instruments internationaux applicables* » (paragraphe 21)[93]. Il s'ensuit que « *les musées*

---

[92] Soit 193 membres et 11 membres associés (UNESCO. *Etats membres* [en ligne], URL : https://fr.unesco.org/countries/etats-membres [page consultée le 20/09/2022]).

[93] Par ailleurs, le paragraphe 9 du préambule indique : « *Notant qu'un corpus d'instruments normatifs internationaux adoptés à l'UNESCO et ailleurs, incluant des conventions, des recommandations et des déclarations sur le thème du rôle des musées et des collections, existe et demeure valide* ». Le document fournit également une liste des instruments internationaux directement ou indirectement liés aux musées et collections : Convention pour la protection des biens culturels en cas de conflit armé (1954), et ses deux Protocoles (1954 et 1999), Convention concernant les mesures à prendre pour interdire et empêcher l'importation, l'exportation et le transfert de propriété illicites des biens culturels (1970), Convention concernant la protection du patrimoine mondial, culturel et naturel (1972), Convention sur la diversité biologique (1992), Convention d'UNIDROIT sur les biens culturels volés ou illicitement exportés (1995), Convention de l'UNESCO sur la protection du patrimoine culturel subaquatique (2001), Convention pour la sauvegarde du patrimoine culturel immatériel (2003), Convention sur la protection et la promotion de la diversité des expressions culturelles (2005), Pacte international relatif aux droits économiques, sociaux et culturels (1966), Recommandation définissant les principes internationaux à appliquer en matière de fouilles archéologiques (UNESCO, 1956) Recommandation concernant les moyens les plus efficaces de rendre les musées accessibles à tous (UNESCO, 1960), Recommandation concernant les mesures à prendre pour interdire et empêcher l'exportation, l'importation et le transfert de propriété illicites des biens culturels (UNESCO, 1964), Recommandation concernant la protection sur le plan national du patrimoine culturel et naturel (UNESCO, 1972), Recommandation concernant l'échange international de biens culturels (UNESCO, 1976),

sont tenus d'observer les principes des instruments internationaux pour la protection et la promotion du patrimoine culturel [...] *Ils devraient également adhérer aux principes des instruments internationaux concernant la lutte contre le trafic illicite des biens culturels et coordonner leurs efforts en la matière* [...] *Les États membres devraient s'assurer que le rôle des musées dans la société soit exercé en accord avec les normes juridiques et professionnelles en vigueur dans les territoires sous leur juridiction* »[94].

Une utilisation pratique, contraignante et généralisée d'une convention internationale résulte d'une ratification universelle, tandis qu'une harmonisation des lois nationales serait gage d'une sécurité juridique favorable au développement d'un marché licite de biens culturels et pourrait potentiellement endiguer les stratégies des trafiquants qui tirent profit des disparités entre les législations nationales. Toutefois, « *limiter la Convention de 1970 à une lecture strictement juridique et mécaniciste de ses dispositions est une erreur. Car l'apport théorique de ce texte va au-delà de ses insuffisances mécaniques* »[95],

---

Recommandation pour la protection des biens culturels mobiliers (UNESCO, 1978), Recommandation sur la sauvegarde de la culture traditionnelle et populaire (UNESCO, 1989), Déclaration universelle des droits de l'homme (1949), Déclaration des principes de la coopération culturelle internationale (1966), Déclaration universelle de l'UNESCO sur la diversité culturelle (2001), Déclaration de l'UNESCO concernant la destruction intentionnelle du patrimoine culturel (2003), Déclaration des Nations Unies sur les droits des peuples autochtones (2007).

[94] UNESCO. *Recommandation concernant la protection et la promotion des musées et des collections, de leur diversité et de leur rôle dans la société*, 17 novembre 2015.

[95] NEGRI (V.), "Convention de 1970 : la diversité culturelle avant la lettre", *Le Courrier de l'UNESCO*, octobre / décembre 2020, pp. 9-10.

tandis que son influence sur les musées dépasse les frontières de ses seuls Etats parties.

2) L'impact de la Convention UNESCO de 1970 sur les musées indépendamment des données de ratification, acceptation ou adhésion de leur Etat d'établissement

a. L'accueil de la Convention UNESCO de 1970 par la communauté muséale mondiale : du « musée prédateur au musée normatif » ?[96]

Il s'agit de s'interroger et d'apprécier quelle a été l'attitude des musées quant à la gestion de leurs collections au cours des décennies. Un premier questionnement s'impose : peut-on raisonnablement et aveuglément adhérer à l'idée du « musée prédateur », comme étant le comportement d'acquisition prépondérant parmi les musées, antérieurement à 1970 ? Les méthodes d'acquisition ont considérablement évolué depuis la naissance de l'institution muséale et il apparaît difficile de juger les méthodes d'acquisition d'avant 1970 à l'aune du cadre juridique actuel. Les méthodes d'acquisition des conservateurs de musée dépendent du cadre législatif de leur époque. Toutefois, cet argument ne peut être brandi de manière absolue aux fins d'empêcher la sortie de pièces d'une collection muséale dans le cadre de demandes de retours et restitutions. C'est pourtant ce que les musées signataires de la « Déclaration sur l'importance et la valeur des musées universels »[97] (2002) ont tenté de proclamer, en

---

[96] Titre tiré de l'allocution de MARIN (J.-Y.), "Du musée prédateur au musée normatif, retrouver la cohérence des collections", Colloque international, *Quel avenir pour les œuvres orphelines ?*, 4-5 février 2021, Genève.

[97] La Déclaration du 8 décembre 2002 sur l'importance et la valeur des musées universels a été signée par les directeurs des institutions suivantes : Institut d'Art de Chicago ; Musée bavarois, Munich (Alte

affirmant de manière unilatérale et malhonnête que « *les musées encyclopédiques ont une mission particulière en tant que trésors de la culture mondiale, et que les normes actuelles ne pourraient se voir appliquées aux acquisitions antérieures* »[98]. Il est clair que la déclaration susmentionnée visait à « *garantir davantage d'immunité face aux demandes de restitution d'objets appartenant aux collections de ces musées* »[99]. Sa publication a ainsi soulevé « *une polémique sur la restitution d'œuvres réunies dans des collections qui ont été constituées au fil des siècles, ainsi que sur les responsabilités des musées* »[100].

Dans ce débat, il est essentiel de s'interroger sur l'origine de l'institution muséale et d'admettre que « *l'idée même de musée peut être le symptôme d'appropriations brutales* »[101]. Si « *désigner le musée comme le siège d'une violence dont témoigneraient la constitution des collections et leur appropriation univoque ne rend pas compte,*

Pinakothek, Neue Pinakothek) ; Musées d'Etat, Berlin ; Musées d'Art de Cleveland; Musée Getty, Los Angeles ; Musée Guggenheim, New York ; Musée d'Art du comté de Los Angeles ; Musée du Louvre, Paris ; Musée d'Art métropolitain, New York ; Musée des Beaux-Arts, Boston ; Musée d'Art moderne, New York ; Opificio delle Pietre Dure, Florence [Office des Pierres dures] ; Musée d'Art de Philadelphie ; Musée du Prado, Madrid ; Rijksmuseum, Amsterdam ; Musée de l'Ermitage, Saint-Pétersbourg ; Musée Thyssen-Bornemisza, Madrid ; Musée Whitney d'art américain, New York ; British Museum, Londres.

98 « [...] *asserting that encyclopaedic museums have a special mission as treasure houses of world culture, and that current standards could not be applied to earlier acquisitions* » (PROTT (L.V.), *Commentary on the 1995 UNIDROIT Convention. Second Edition*, Builth Wells, Institute of Art and Law, 2021, p. 122).

99 LEWIS (G.), "Le musée universel : un cas à part ?", *Les Nouvelles de l'ICOM*, vol. 57, n°1, 2004.

100 *Idem.*

101 NEGRI (V.), "Guerres, conflits et collections. Les musées et l'obligation de restituer des biens culturels", *op. cit.*

aujourd'hui, de la diversité des formes muséales »[102], pour autant, nul ne peut ignorer que le musée soit la manifestation, en partie, d'une forme d'impérialisme, « *nourri des guerres et des conquêtes* »[103].

Il apparaît que la communauté muséale mondiale s'est penchée sur les questions de politique d'acquisition en les envisageant d'abord comme corollaires des problématiques de vol et d'exportation illicite de biens culturels. Dans les années 1930, l'Office international des musées[104] a soutenu un projet de convention pour traiter des enjeux juridiques entourant le retour de biens culturels : or, aucune mention de politique d'acquisition ne fut faite dans ce contexte[105]. Désormais, les conditions entourant l'acquisition d'objets sont systématiquement énoncées dans les politiques officielles des musées[106]. Il apparaît qu'un certain nombre de musées « *ont intégré l'idée selon laquelle un objet de provenance douteuse ou*

---

[102] *Idem.*

[103] « *C'est dans ce hiatus que s'insinue l'obligation de restituer des biens culturels* » (*Idem*).

[104] L'Office international des musées (OIM) a été fondé en 1926 sous les auspices de la Société des Nations (SDN). Il préexiste à l'ICOM.

[105] J. O'KEEFE (P.), *Commentary on the 1970 UNESCO Convention. Second Edition, op. cit.*, p. 156.

[106] Certaines institutions muséales rendent par ailleurs accessibles leur politique d'acquisition, à l'instar du *British Museum* : « *Cette politique décrit les principes que les administrateurs du British Museum doivent observer dans le cadre d'acquisition d'objets pour leur collection. Cette politique est conforme au British Museum Act 1963 et à d'autres lois britanniques, au droit international et aux normes énoncées à l'annexe I* », qui comprend notamment la Convention UNESCO de 1970 (British Museum. *Policy. Acquisitions of objects for the collection*, 2018). D'autres institutions muséales refusent quant à elles de divulguer leur politique d'acquisition, ce qui n'est justifiable que dans le cas d'un musée détenu par une entité privée et qui ne reçoit pas de deniers publics (J. O'KEEFE (P.), *Commentary on the 1970 UNESCO Convention. Second Edition, op. cit.*, p. 157).

insuffisamment documentée ne peut intégrer les collections »[107]. Cette tendance est en grande partie imputable à la Convention de 1970[108].

Par ailleurs, comme cela est indiqué dans les directives opérationnelles susmentionnées, « *la Convention de 1970 est interprétée selon les méthodes énoncées dans la Convention de Vienne sur le droit des traités et codifiée comme relevant du droit international coutumier* »[109]. En vertu de l'article 38 du Statut de la Cour internationale de justice (ci-après « CIJ »), « *la coutume s'entend comme la preuve d'une pratique générale acceptée comme étant le droit* », tandis que la CIJ, dans son arrêt du 20 février 1969, Affaire du Plateau continental de la Mer du Nord[110], réaffirmait les trois conditions nécessaires à l'existence de la coutume, que sont : le caractère normatif de la disposition, l'élément matériel (*usus*) et l'élément psychologique (*opinio juris*). Sans davantage s'éloigner du sujet, il est toutefois intéressant de s'interroger sur le caractère coutumier de l'obligation pour les Etats d'adopter des mesures de protection sur leur territoire (article 5), de contrôler la circulation des biens culturels (articles 6 à 9), ou encore de restituer les biens culturels volés (article 7). En l'espèce, on peut envisager la Convention de 1970 comme point de départ d'une règle émergente de droit coutumier, et donc comme ayant potentiellement un effet

---

[107] CORNU (M.), "La mise en œuvre de la Convention UNESCO de 1970 en Europe. Eléments de réflexion préparés à l'intention des participants à la Deuxième Réunion des États parties à la Convention de 1970", *op. cit.*

[108] J. O'KEEFE (P.), *Commentary on the 1970 UNESCO Convention. Second Edition*, *op. cit.*, p. 156.

[109] UNESCO. *Directives Opérationnelles pour la mise en œuvre de la Convention de 1970*, 2015.

[110] *Affaire du Plateau continental de la Mer du Nord*, Arrêt du 20 février 1969, CIJ Recueil 1969, p. 3.

générateur de la coutume[111]. A noter également l'importance de la pratique diplomatique et le rôle que la jurisprudence (juges nationaux) peut avoir dans la formation d'une coutume internationale quant à l'obligation de restitution de biens volés ou illicitement exportés[112].

b. L'année 1970, le point clé pour une approche éthique des acquisitions muséales

En l'occurrence, le fait que la Convention de 1970 ait eu un impact sur les musées situés dans des Etats non-parties relève davantage de considérations éthiques que de l'affirmation d'une coutume. Le seuil de 1970 est « *un tournant clair, pragmatique et réalisable qui est déjà largement compris et soutenu au sein des musées* », tel qu'indiqué dans les directives du Département de la culture, des médias et des sports du Royaume-Uni, en 2005[113].

---

[111] On distingue plusieurs processus de codification de la coutume : l'effet déclaratoire d'une coutume qui existe et est transférée dans un traité (règle de base, codification classique), l'effet cristallisateur de la coutume, lorsque les traités internationaux sont susceptibles d'accélérer le processus coutumier (lorsqu'une pratique se développe mais n'a pas encore acquis le statut d'une norme coutumière, i.e. *usus* sans *opinio iuris*). Enfin, l'effet générateur de la coutume pour lequel le traité va être le point de départ d'une règle émergente de droit coutumier.

[112] Le Conseil d'Etat italien (*Italia Nostra v. Ministry of Cultural Heritage - Consiglio di Stato*, 23 juin 2008) a établi que l'obligation de restitution découlait d'une règle plus générale de droit coutumier qui s'appliquerait en cas de spoliation pendant la période de domination coloniale (Université de Genève. *Modes alternatifs de résolution des litiges à la restitution de biens culturels*, [vidéo en ligne]. *Youtube*, 30 avril 2015, visionnée le 17/06/2021).

[113] DCMS. *Combating Illicit Trade: due diligence guidelines for museums, libraries and archives on collecting and borrowing cultural material*, 2005.

Ainsi, l'année 1970 a été adoptée par de nombreux musées comme l'année à partir de laquelle la provenance de l'objet doit être questionnée, indépendamment du statut de partie ou non-partie à la Convention de 1970 de leur Etat d'établissement[114]. C'est le cas notamment du *British Museum*, dès 1998 (le Royaume-Uni a accepté la Convention de 1970 en août 2002) ou encore du *Getty Museum*, dès 2006. Si les Etats-Unis ont accepté la Convention de 1970 en 1983[115], la portée de la Convention de 1970 (et plus précisément de son article 7) à l'égard des musées américains a toutefois été largement réduite[116]. Un changement majeur s'est opéré en 2008, *« lorsque l'association des directeurs de musées d'art a décidé d'aligner ses politiques d'acquisition sur la charte de l'UNESCO »*[117]. Ce sont alors près de deux cents directeurs de musées de premier plan aux Etats-Unis, au Canada et au Mexique qui ont convenu que les musées « *ne devraient normalement pas acquérir de matériaux archéologiques et d'art ancien sans provenance démontrant que l'objet était hors de son pays de découverte moderne avant, ou exporté*

[114] Pour rappel, 1970 correspond à l'année d'adoption, et non à la date d'entrée en vigueur de la Convention (24 avril 1972), ce qui appuie davantage la lecture non strictement juridique qu'il est fait de cet instrument.

[115] Trois projets de loi seront nécessaires pour que le Congrès américain l'intègre à la législation nationale (PROTT (L.V.), "Forces et faiblesses de la Convention de 1970 : un bilan 40 ans après son adoption. Document de référence à l'intention des participants à la réunion 'La lutte contre le trafic illicite des biens culturels. La Convention de 1970 : bilan et perspectives'", 15-16 mars 2011.

[116] Or, les Etats-Unis sont un acteur important du marché de l'art. Il s'agit en effet de l'un des principaux Etat importateur d'œuvres d'art.

[117] « *A major shift occurred in 2008, when the Association of Art Museum Directors decided to bring its acquisition policies in line with the UNESCO charter* » (CUNO (J.), "Culture War. The Case Against Repatriating Museum Artifacts", *Foreign Affairs*, vol. 93, n°6, novembre / décembre 2014, pp. 119-129).

légalement après le 17 novembre 1970 »[118]. Par ailleurs, le *English Leicester County Council*, organe de contrôle des musées relevant de son autorité, s'est approprié le texte dès 1977, soit 5 ans seulement après son entrée en vigueur et vingt-cinq ans avant que le Royaume-Uni n'accepte la Convention, en formulant la politique selon laquelle « *nonobstant le fait que la Convention de 1970 n'a pas encore été promulguée ou ratifiée par le gouvernement britannique, le County Council se conformera aux principes éthiques de la Convention, dans la mesure où ceux-ci sont applicables à une autorité muséale individuelle* »[119].

Enfin, au-delà d'un impact sur les pratiques des musées indépendamment de la ratification par leur Etat d'établissement de la Convention de 1970, il convient également d'observer l'influence de cet instrument, qui malgré sa non-rétroactivité (consacrée à l'article 7), peut venir appuyer une demande de restitution et insuffler un esprit de coopération de par les principes qu'il véhicule[120].

---

[118] « *Nearly 200 directors of leading museums in the United States, Canada, and Mexico agreed that museums should not normally acquire archaeological materials and ancient art without provenance demonstrating that the object was out of its country of modern discovery prior to or legally exported therefrom after November 17, 1970* » (*Idem*).

[119] « *The Authority supports the principles of the UNESCO Convention of 1970 and declares that notwithstanding the fact that the Convention has not yet been enacted or ratified by the United-Kingdom Government, the County Council will comply with the terms and ethical principles of the Convention so far as these are applicable to an individual museum authority* » (J. O'KEEFE (P.), *Commentary on the 1970 UNESCO Convention. Second Edition, op. cit.*, p. 156).

[120] « *Pilier d'un ordre culturel international qui ne cesse de se consolider, elle pose en effet les ferments des principes de solidarité et de responsabilité collective pour protéger le patrimoine des peuples* »

L'affaire des fresques de la tombe de Tetiky permet notamment d'illustrer cet aspect. Le musée du Louvre (qui est un « Musée de France ») a fait l'acquisition de cinq panneaux de fresques provenant du tombeau de Tetiky en 2000 et 2003. Les autorités égyptiennes en ont demandé la restitution auprès de l'Etat français, en avançant qu'elles avaient été volées. La commission scientifique nationale française, l'autorité alors compétente en matière de déclassement de biens constituant les collections des Musées de France a émis un avis favorable au déclassement de ces fresques en considérant qu'elles étaient encore dans le tombeau de Tetiky au milieu des années 1970 et qu'elles avaient quitté l'Egypte postérieurement à l'entrée en vigueur de la Convention de 1970[121]. Outre le fait que cette commission était incompétente pour se prononcer sur une question juridique touchant à la propriété des fresques revendiquées par l'Egypte[122], la position juridique prise par la commission était critiquable en ce que cette dernière a estimé qu'au regard des documents produits par l'Egypte, les fresques étaient encore en place au milieu des années 1970 et elle a accordé à la Convention de 1970 une portée qu'elle n'a pas, en ce que les ratifications par l'Egypte et

---

(NEGRI (V.), "Convention de 1970 : la diversité culturelle avant la lettre", *op. cit.*).

[121] A la suite de cet avis favorable, le ministre de la Culture a signé un arrêté le 5 novembre 2009 portant déclassement de ces fresques, conformément à la procédure prévue par l'article L.451-5 du Code du patrimoine. Depuis le 9 décembre 2020, l'article L.451-5 se lit comme suit « *Toute décision de déclassement d'un de ces biens ne peut être prise qu'après avis conforme du Haut Conseil des musées de France* » (modifié par LOI n°2020-1525 du 7 décembre 2020).

[122] Une telle question relève en principe de la compétence d'un juge judiciaire, tandis que cette commission scientifique ne pouvait se prononcer qu'en mettant en œuvre des critères scientifiques (comme souligné par la circulaire n°2003/003 du 5 mars 2003 relative aux procédures relatives aux acquisitions d'objets de collection ou de déclassement de tels objets).

par la France ne sont intervenues qu'en 1973 et 1997, respectivement[123]. Aux termes de l'article 7 (b) de la Convention de 1970, « *les Etats parties s'engagent à prendre des mesures appropriées pour saisir et restituer à la requête de l'Etat d'origine partie à la Convention tout bien culturel ainsi volé et importé après l'entrée en vigueur de la présente Convention à l'égard des deux Etats concernés* ». C'est pourquoi, la question essentielle était de déterminer si les fresques étaient entrées en France avant 1997, ce qui était fort probable, auquel cas la restitution ne s'imposait pas d'un point de vue strictement juridique[124]. La déclaration conjointe italo-libyenne de 1998 au regard de la restitution de la Vénus de Cyrène, alors exposée au Musée national romain (Rome, Italie), est également intéressante à ce titre, en ce qu'elle mentionne l'obligation pour l'Etat italien de restituer la statue en se référant à la Convention de 1970, à laquelle la Libye a adhéré en 1972 et qui a été ratifiée par l'Italie en 1978, pour des faits opérés entre 1913 et 1915[125].

La Convention de 1970 pose des principes d'ordre éthique allant au-delà de la simple question technique de sa ratification. Cela préfigure le rôle de l'éthique et de ses interactions avec le droit, aspects qui seront davantage développés dans la section 2 de la présente partie. La Convention de 1970 « *a changé à jamais le paysage éthique*

---

[123] DUROY (S.), *Cours de droit de la propriété culturelle*, Master 2 droit du patrimoine culturel, Université Paris-Saclay, 2020/2021.

[124] *Idem*. La restitution s'est effectivement déroulée en décembre 2009 à l'Élysée, lors d'une visite officielle du président égyptien de l'époque, Hosni Moubarak.

[125] La statue a été trouvée en 1913 près de Cyrène par les troupes italiennes présentes en Libye (occupation italienne de 1911 à 1947) et transportée à Rome en 1915 (Université de Genève. *Modes alternatifs de résolution des litiges à la restitution de biens culturels* [vidéo en ligne]. *Youtube*, *op. cit.*)

du monde des musées »[126], tandis que ses insuffisances portent en elles la genèse de la Convention UNIDROIT.

§2 Les développements positifs induits par la Convention UNIDROIT de 1995 dans la pratique des musées

La Convention UNIDROIT a été élaborée de manière à renforcer les dispositions de la Convention de 1970 (**A**). La complémentarité de ces deux instruments internationaux et la synergie d'actions de ces deux organisations en matière de lutte contre le trafic illicite de biens culturels ont un impact sur l'attitude et les pratiques des musées (**B**).

A. La complémentarité de la Convention UNESCO de 1970 et de la Convention UNIDROIT

Il est pertinent de considérer la genèse et le contexte d'adoption de la Convention UNIDROIT, tout en appréciant les réactions du milieu muséal en amont et en aval de son adoption (**1**), pour ensuite évaluer dans quelle mesure la Convention UNIDROIT parvient à remédier aux lacunes de la Convention de 1970 et en étudier l'incidence sur les musées (**2**).

---

[126] « *The 1970 UNESCO Convention changed forever the ethical landscape of the museum world* » (BRODIE (N.), DOOLE (J.), WATSON (P.), "Stealing History: the illicit trade in cultural material", *McDonald Institute for Archeological Research*, Cambridge, 2000, p. 9, cité dans : J. O'KEEFE (P.), *Commentary on the 1970 UNESCO Convention. Second Edition*, *op. cit.*, p. 156).

1) La Convention UNIDROIT : genèse, contexte et réactions du milieu muséal

a. Un accueil contrasté de la Convention UNIDROIT par les musées

L'accueil de la Convention UNIDROIT par les musées fut contrasté (ce qui est principalement imputable aux intérêts quelque peu divergents de leur Etat respectif d'établissement[127]) : tantôt favorables ou farouchement hostiles, cette disparité est révélatrice du déséquilibre dans la nature des pays touchés par le trafic illicite de biens culturels et de la nécessaire coopération internationale à mettre en place pour contrer ce fléau. Le succès de cette coopération repose nécessairement sur la recherche d'un équilibre entre les différents intérêts des nations exportatrices et importatrices d'art[128]. A ce titre, la Convention UNIDROIT « *consacre une première expression de solidarité internationale dans le domaine des*

---

[127] *Quelque peu* car : « *Si traditionnellement on ne se concentrait que sur les pays victimes en les qualifiant de pays 'source' ou d'exportation, désormais également les pays 'importateurs' souffrent, bien qu'à des degrés différents, de vols et d'exportations illicites de biens culturels* » (CARDUCCI (G.), "Complémentarité entre les Conventions de l'UNESCO de 1970 et d'UNIDROIT de 1995 sur les biens culturels", *Revue de droit uniforme*, 2006, pp. 93-102).

[128] « *UNIDROIT Convention is an original approach that attempts to balance the conflicting interests of art-exporting and art-importing countries with respect to the protection of cultural property* » (E. LERNER (R.) et BRESLER (J.), *Art law: the guide for collectors, investors, dealers, and artists* (1992), cité dans LENZNER (N. R.), "The Illicit International Trade in Cultural Property: Does the UNIDROIT Convention Provide an Effective Remedy for the Shortcomings of the UNESCO Convention", *op. cit.*).

biens culturels »[129], selon les mots du professeur Pierre Lalive, en participant de la prise de conscience de la communauté internationale quant à l'existence de dangers communs, parmi lesquels le pillage croissant des biens culturels[130].

La lecture d'un rapport du 5 février 1998 émis par la Commission de la culture et de l'éducation de l'Assemblée parlementaire du Conseil de l'Europe portant sur la Convention UNIDROIT est particulièrement intéressante afin de prendre la mesure des divergences au sein de la communauté muséale, quelques années seulement après l'adoption de la Convention UNIDROIT intervenue le 24 juin 1995, et quelques mois avant son entrée en vigueur (1er juillet 1998). Dans ce rapport, la rapporteuse Margitta Terborg (Allemagne, Groupe socialiste) indiquait alors que « *les musées italiens, sans exception, saluent la convention et la jugent applicable* »[131], tandis qu'elle faisait part, au sujet des Etats-Unis, l'un des principaux pays importateurs d'art, d'une « *résistance active parmi les collectionneurs et marchands d'objets d'art et quelques musées, dont les groupes de pression font barrage à la Convention d'UNIDROIT* »[132]. Il est tout à fait

---

[129] LALIVE (P.), "La Convention d'UNIDROIT sur les biens culturels volés ou illicitement exportés (du 24 juin 1995)", *Revue suisse de droit international public et de droit européen*, 1/97, 1997, pp. 13-56.

[130] LALIVE (P.), "Une Convention internationale qui dérange : la Convention UNIDROIT sur les biens culturels", dans : *Mélanges en l'honneur de Nicolas Valticos : droit et justice*, Paris, A. Pedone, 1999, pp. 177-188.

[131] Conseil de l'Europe - Commission de la culture et de l'éducation. *Rapport sur la Convention UNIDROIT*, 5 février 1998.

[132] *Idem*. A noter également la déclaration « *émotive et inexacte* » sur le marché de l'art aux Etats-Unis signée par plusieurs musées américains et par l'*American Museums Association* (PROTT (L.V.), "L'effet positif de la Convention UNIDROIT sur les musées", *INTERCOM newsletter*, Ottawa, Ont., n°1, 1997, pp. 3, 5).

compréhensible qu'un Etat comme l'Italie se soit largement manifesté en faveur de la Convention UNIDROIT, en ce qu'il souffre énormément du pillage archéologique et de l'exportation illégale de biens culturels. Les musées français ont réservé un accueil mitigé à la Convention UNIDROIT, principalement du fait d'une lecture biaisée de cette dernière et d'un très fort lobbying exercé par les professionnels du marché de l'art, fermement opposés à l'entrée en vigueur de cette Convention[133]. Il semble opportun de rappeler à cet égard que les deux Conventions dont il est question dans la présente section « *ne concernent pas, et laissent prospérer, le marché licite des biens culturels* »[134]. La France, pourtant signataire de la Convention UNIDROIT, ne l'a toujours pas ratifiée à ce

---

133 Au moment de l'adoption de la Convention d'UNIDROIT, les opérateurs du marché de l'art, y compris quelques représentants de musées, se sont fermement opposés à la Convention d'UNIDROIT. Le Syndicat National des antiquaires a fait publier une annonce dans le journal *Le Monde* du 3 avril 2000, où ce dernier avançait « *la destruction du marché de l'art* » si la Convention UNIDROIT venait à être ratifiée par la France. Cette réclame est reproduite par Lyndel Prott dans : PROTT (L.V.), "The UNIDROIT Convention on Stolen or Illegally Exported Cultural Objects - Ten Years On", *Uniform Law Review*, vol. 14, n°1/2, 2009, pp. 215-237. Sans circonscrire ces réactions à l'exemple français, Pierre Lalive parlait alors d'une « *singulière et démagogique campagne hostile à la Convention, une campagne qui, par son manque total d'objectivité, son caractère passionnel et ses outrances aura constitué en somme la meilleure des contre-épreuves en faveur d'une ratification* » (LALIVE (P.), "La Convention d'UNIDROIT sur les biens culturels volés ou illicitement exportés (du 24 juin 1995)", *op. cit.*). Ces réactions autour de l'adoption de la Convention UNIDROIT sont aussi mentionnées par Lyndel Prott qui indique : « *The reaction to the text of the Convention was extraordinary. The wildest assertions were made* » (PROTT (L.V.), "The UNIDROIT Convention on Stolen or Illegally Exported Cultural Objects - Ten Years On", *op. cit.*).

134 CARDUCCI (G.), "Complémentarité entre les Conventions de l'UNESCO de 1970 et d'UNIDROIT de 1995 sur les biens culturels", *op. cit.*

jour. A noter que la présence, parmi le « lobbying anti-UNIDROIT », de représentants de musées « *apparemment mal informés à la fois du contenu de la Convention et des efforts de l'ICOM* [...] *dans le même sens que l'UNIDROIT* », n'était que moindre, une majorité des musées ayant compris et appuyé la Convention UNIDROIT[135]. Pour exemple, « *les musées de Berlin se sont exprimés en faveur de la Convention et ont demandé officiellement au Gouvernement allemand pourquoi il ne l'avait pas signé et de procéder aux consultations en vue d'une éventuelle adhésion en soulignant les avantages qu'apportait la Convention d'UNIDROIT* »[136]. En outre, les musées, en se positionnant contre la Convention UNIDROIT, ne semblaient s'envisager que « *dans la position d'acquéreurs, et jamais dans celle de propriétaires victimes d'un vol suivi de revente à l'étranger* »[137], vision lacunaire et inopportune considérant la réalité du trafic (et notamment la multiplication des vols au sein d'institutions muséales), ainsi que les avantages que les musées peuvent retirer de la Convention UNIDROIT. Alors qu'il n'est « *juridiquement pas discutable que la diversité actuelle des lois nationales créé une notable insécurité juridique et favorise l'expansion du trafic illicite* »[138], la Convention UNIDROIT « *constitue une avancée importante dans le domaine du droit international des biens culturels* »[139] puisque garante d'une meilleure protection des

---

[135] PROTT (L.V.), "L'effet positif de la Convention UNIDROIT sur les musées", *op. cit.*

[136] SCHNEIDER (M.), "The UNIDROIT Convention on Cultural Property: State of Play and Prospects for the Future", *Uniform Law Review*, vol. 2, n°3, 1997, pp. 494-507. A noter que l'Allemagne n'a, à ce jour, toujours pas adhéré à la Convention UNIDROIT.

[137] LALIVE (P.), "La Convention d'UNIDROIT sur les biens culturels volés ou illicitement exportés (du 24 juin 1995)", *op. cit.*

[138] *Idem.*

[139] *Idem.*

propriétaires de biens culturels, tout en permettant davantage de sécurité et prévisibilité sur le plan juridique[140].

Par ailleurs, l'ICOM (comme ce fut le cas pour la Convention de 1970) a demandé, dès l'adoption du texte, à ses comités nationaux d'encourager leur gouvernement respectif à ratifier la Convention UNIDROIT[141], et à ce que « *le milieu des musées se prononce en faveur de celle- ci* »[142].

Enfin, il est intéressant de noter la présence de professionnels du milieu muséal, à l'instar de Jean Chatelain (professeur de droit, ancien conseiller juridique des musées français et ancien directeur des musées de France) ou encore de Jean-Yves Marin, alors président du Comité français de l'ICOM[143], conviés à participer aux quatre conférences d'experts gouvernementaux, ainsi qu'à la Conférence diplomatique tenue du 7 au 24 juin 1995, à l'issue de laquelle fut adoptée la Convention UNIDROIT[144]. Cela permet plus largement de rendre compte de l'implication et de l'engagement du milieu

---

[140] *Idem.*

[141] DES PORTES (E.), "ICOM and the battle against illicit traffic of cultural property", *Museum International*, Paris, 48:3, 1996, pp. 51-58.

[142] PROTT (L.V.), "L'effet positif de la Convention UNIDROIT sur les musées", *op. cit.*

[143] MARIN (J.-Y.), ancien directeur du MAH et spécialiste des questions d'éthique muséale, communication personnelle, 23 juin 2021.

[144] De manière générale, les représentants de l'ensemble des milieux professionnels touchés par le trafic illicite et/ou devant s'en préoccuper ont été consultés, notamment des opérateurs du marché de l'art (e.g. Richard Crewdson, conseil juridique anglais de l'*Association of Dealers in Ancient Art*) (LALIVE (P.), "La Convention d'UNIDROIT sur les biens culturels volés ou illicitement exportés (du 24 juin 1995)", *op. cit.*).

muséal dans la lutte contre le trafic illicite de biens culturels et dans l'élaboration d'instruments adaptés.

b. La Convention UNIDROIT : un document harmonisé et d'application directe

« *Le rappel que l'élaboration de la Convention d'UNIDROIT fut demandée par l'UNESCO afin de renforcer la Convention de 1970 sur le plan du droit privé explique que les deux Conventions se complètent mutuellement* »[145]. En 1982, l'UNESCO, sur demande de ses Etats membres, a rassemblé un comité d'experts afin d'évaluer la mise en œuvre et l'effectivité de la Convention de 1970, dix ans après son entrée en vigueur[146]. En 1984, selon les termes de l'une des recommandations émises par ce comité, l'UNESCO a demandé à l'UNIDROIT de travailler sur les règles de droit privé applicables en matière de circulation des biens culturels. Aussi, contrairement à la Convention de 1970, la Convention UNIDROIT aborde-t-elle le problème du trafic illicite de biens culturels sous l'angle du droit international privé[147].

---

145 CARDUCCI (G.), "Complémentarité entre les Conventions de l'UNESCO de 1970 et d'UNIDROIT de 1995 sur les biens culturels", *op. cit.*

146 UNESCO. *Fighting the Illicit Trafficking of Cultural Property: a toolkit for European judiciary and law enforcement*, 2018.

147 La Convention UNIDROIT fonctionne sur la base du droit international public et privé. L'UNESCO a demandé à l'UNIDROIT d'étudier les aspects de droit privé en ce que « [...] *this question of private law could not be resolved by UNESCO, which does not have a mandate in matters of national law* » (PROTT (L.V.), "UNESCO and UNIDROIT: a Partnership against Trafficking in Cultural Objects", *Uniform Law Review*, vol. 1, n°1, 1996, pp. 59-71). Ainsi, dans le cadre de la Convention UNIDROIT, « [...] *the State is treated just like any other claimant* » (LENZNER (N. R.), "The Illicit International Trade in Cultural Property: Does the UNIDROIT Convention Provide an

« *Le caractère dépassé des lois nationales, toutes conçues pour des situations locales* »[148], ainsi que leur diversité, source d'insécurité juridique, ont justifié l'élaboration de la Convention UNIDROIT[149]. Cet instrument matérialise les enjeux entourant l'uniformité des législations nationales, les difficultés de traduction de concepts qui diffèrent selon les pratiques nationales[150] et les questions d'interprétation au niveau national d'un instrument international. A cet égard, il convient d'évoquer les potentiels « *problèmes de compatibilité dus à la nécessité d'utiliser dans la pratique internationale des concepts qui ne sont pas parfaitement traduisibles dans une autre langue officielle, étant donné que les ordres*

Effective Remedy for the Shortcomings of the UNESCO Convention", *op. cit.*).

[148] LALIVE (P.), "La Convention d'UNIDROIT sur les biens culturels volés ou illicitement exportés (du 24 juin 1995)", *op. cit.*

[149] La nécessité d'instruments internationaux en la matière est indéniable : « *Il faut agir par la voie d'accords internationaux, pour résoudre un problème qui est, de plus en plus, international par sa nature. Un législateur national ne peut rêver à une solution particulière, autonome (...) Et les solutions régionales, comme celles de l'Union européenne ou du Commonwealth – d'ailleurs directement inspirées des travaux de l'UNIDROIT – sont par définition* [...] *insuffisantes face à un commerce et à des problèmes qui, eux, sont universels* » (*Idem*). En cela, l'argument utilisé par certains opposants à la Convention UNIDROIT selon lequel « [...] *leur droit interne serait suffisant, voire supérieur au texte de la Convention internationale* » est irrecevable (*Idem*).

[150] Comme relevé par Lyndel Prott, des discussions ont entouré l'usage du terme *cultural objects* au profit du terme *cultural property* dans la version anglaise de la Convention. Le terme de *cultural objects* a été retenu, car moins attaché à la notion de propriété (« [...] *which places less emphasis on ownership* »). Par ailleurs, il convient de noter l'absence du terme de *bonne foi* dans la Convention UNIDROIT : ce terme diffère énormément selon les juridictions nationales, la Convention UNIDROIT a ainsi introduit le terme de *diligence requise* (PROTT (L.V.), *Commentary on the 1995 UNIDROIT Convention. Second Edition*, Builth Wells, Institute of Art and Law, 2021).

juridiques concernés sont eux-mêmes différents »[151]. Il apparaît en effet que « *l'équivalence des termes juridiques entre les différents systèmes juridiques est très difficile à réaliser, notamment entre les pays de droit civil et les pays de Common Law* »[152]. Notons à cet égard que la Convention UNIDROIT parviendra à un compromis entre ces deux systèmes juridiques au regard du concept de *bonne foi* en introduisant celui de *diligence requise*. La Convention de 1995 est un instrument international d'application directe : elle n'exige pas de transposition dans la législation nationale et sert donc de document harmonisé qui « *combine les grands principes des systèmes de droit civil et de Common Law* »[153]. Ainsi, « *alors que la Convention de 1970 passait sous silence les divergences controversées des systèmes juridiques, donnant lieu à des interprétations diverses, la Convention UNIDROIT a affronté ces problématiques aboutissant à des règles qui n'auraient pu être atteintes en 1970* »[154].

---

[151] FRIGO (M.), "Cultural property v. cultural heritage: A battle of concepts in international law?", *International Review of the Red Cross*, vol. 86, n°854, juin 2004, pp. 367-378.

[152] « [...] *the equivalence of legal terms between different legal systems is very difficult to achieve, especially between the civil law countries and the common law countries* » (MATTEUCCI (M.), "The History of UNIDROIT and the Methods of Unification", *Law Library Journal*, vol. 66, n°3, août 1973, pp. 286-289).

[153] UNESCO. *Fighting the Illicit Trafficking of Cultural Property: a toolkit for European judiciary and law enforcement*, 2018.

[154] « *While the UNESCO Convention passed over controversial differences in legal systems in silence, thus giving rise to varying interpretations, the UNIDROIT Convention has grappled with them and has achieved rules which could not have been reached in 1970* » (PROTT (L.V.), "UNESCO and UNIDROIT: a Partnership against Trafficking in Cultural Objects", *op. cit.*).

Au sujet des problématiques entourant l'interprétation d'un traité international[155] (déjà évoquées au regard de la Convention de 1970[156]), si « *les dispositions de la Convention UNIDROIT sont rédigées de manière très claire* »[157], il convient toutefois de mentionner l'article 20 de la Convention UNIDROIT qui prévoit la possibilité pour le Président d'UNIDROIT de « *convoquer* [...] *un comité spécial afin d'examiner le fonctionnement pratique de la présente Convention* ».

2) Les apports de la Convention UNIDROIT au regard des insuffisances de la Convention UNESCO de 1970

Les insuffisances de la Convention de 1970 identifiées au cours de la première décennie de son existence sont plurielles. Sans les citer et les analyser de manière exhaustive[158], il s'agira toutefois de souligner

---

[155] « [...] *problème de l'interprétation [...] bien connu pour tous les traités d'harmonisation ou d'unification du droit* » (LALIVE (P.), "La Convention d'UNIDROIT sur les biens culturels volés ou illicitement exportés (du 24 juin 1995)", *op. cit.*).

[156] Certaines dispositions de la Convention de 1970 sont sujettes à interprétation, ce qui conduit à des disparités selon les Etats dans sa mise en œuvre au niveau national (UNESCO. *Fighting the Illicit Trafficking of Cultural Property: a toolkit for European judiciary and law enforcement*, 2018).

[157] A l'inverse : « *Although the UNESCO Convention consists of a total of twenty-six articles, most of these provisions are mere rhetoric and thus impose no real requirements on signatories* » (LENZNER (N. R.), "The Illicit International Trade in Cultural Property: Does the UNIDROIT Convention Provide an Effective Remedy for the Shortcomings of the UNESCO Convention", *op. cit.*).

[158] La littérature au sujet de la complémentarité des deux instruments est abondante. Entre autres, le kit UNESCO (UNESCO. *Fighting the Illicit Trafficking of Cultural Property: a toolkit for European judiciary and law enforcement*, *op. cit.*) ou l'article de LENZNER (LENZNER (N. R.), "The Illicit International Trade in Cultural Property: Does the UNIDROIT Convention Provide an Effective Remedy for the

certains apports de la Convention UNIDROIT, notamment l'élargissement relatif de son champ d'application matériel, plus à même de coller à la réalité du trafic illicite (**a**) et au regard de l'uniformisation des délais de prescription de l'action en retour ou restitution (**b**).

a. Champ d'application matériel : la définition de biens culturels volés[159]

La Convention UNIDROIT « *clarifie une catégorie restreinte d'objets culturels exportés illégalement qui seront restitués, qui est clairement plus étroite que l'interprétation de l'article 3 de la Convention UNESCO, mais beaucoup plus large en ce qui concerne les objets couverts par les articles 7 et 9 de la Convention UNESCO* »[160].

« *Présumant une meilleure protection au niveau national, la Convention UNIDROIT se concentre* [...] *sur la phase de la restitution/retour et établit des règles et des conditions uniformes pour les demandes de restitution des biens culturels volés et les demandes de retour des biens culturels illicitement exportés* » dans le but de réduire le trafic illicite de biens culturels. Ainsi, « *le chapitre 2 se présente comme une loi uniforme pour régler les aspects*

Shortcomings of the UNESCO Convention", *op. cit.*) relatent de manière concise ces insuffisances de la Convention de 1970 et les remèdes apportés par la Convention UNIDROIT.

[159] A cet égard, il convient de noter l'aspect primordial que recouvre cette définition : « *From the definition of stolen property depends the applicability of the duty to recover and return the cultural property concerned to the requesting State* » (FRIGO (M.), "The Impact of the UNIDROIT Convention on International Case Law and Practice: An Appraisal", *Uniform Law Review*, vol. 20, n°4, 2015, pp. 626-636).

[160] PROTT (L.V.), "UNESCO and UNIDROIT: a Partnership against Trafficking in Cultural Objects", *op. cit.*

civils des vols internationaux d'objets culturels, tandis que le chapitre 3 se présente comme une convention d'entraide judiciaire et administrative permettant à un État contractant de faire respecter ses règles de droit public concernant la protection de son patrimoine culturel »[161].

Les biens culturels au sens de la Convention UNIDROIT sont ceux qui, « *à titre religieux ou profane, revêtent une importance pour l'archéologie, la préhistoire, l'histoire, la littérature, l'art ou la science et qui appartiennent à l'une des catégories énumérées dans l'annexe à la présente Convention* ». Si l'élément de « désignation » du bien par les autorités nationales compétentes n'est pas requis (contrairement à ce qui est prévu par les dispositions de la Convention de 1970), le degré « *d'importance pour l'archéologie, la préhistoire, l'histoire, la littérature, l'art ou la science* » demeure. Cette définition est complétée par une annexe reprenant mot pour mot la définition des biens culturels telle que contenue à l'article premier de la Convention de 1970[162].

Si la Convention de 1970 indique, en son article premier : « *sont considérés comme biens culturels les biens qui* [...] *sont désignés par chaque Etat comme étant d'importance pour l'archéologie, la préhistoire, l'histoire, la littérature, l'art ou la science...* », au contraire, aux termes de la Convention UNIDROIT « *les biens culturels ne doivent pas être spécifiquement désignés par chaque Etat* ». L'article 1 de la Convention de 1970 pose en effet

---

[161] DROZ A. L. (G.), "La convention d'UNIDROIT sur le retour international des biens culturels volés ou illicitement exportés", *Revue critique de droit international privé*, 1997, pp. 239-261.

[162] Outre un gage de cohérence, cela permet d'encourager les Etats à procéder à une double ratification et/ou adhésion : celle de la Convention UNESCO de 1970 et de la Convention UNIDROIT.

une double condition, à savoir l'appartenance du bien à l'une des onzes catégories énumérées et la désignation par l'Etat de certains biens « *d'importance pour l'archéologie, la préhistoire, l'histoire, la littérature, l'art ou la science* ». A l'inverse, « *comme la Convention d'UNIDROIT désirait assurer la restitution de biens culturels volés à des particuliers afin de moraliser le commerce international des œuvres d'art, on ne pouvait restreindre le domaine de la convention aux biens désignés par les Etats contractants* »[163]. L'une des différences majeures observables entre les Etats au regard de leur administration culturelle respective (et que la Convention UNIDROIT parvient à concilier) se fait « *entre les Etats qui ont un grand nombre d'objets culturels entre les mains de l'Etat et des administrations culturelles d'Etat fortes, capables d'administrer des systèmes détaillés de classification, contrairement à d'autres, où la propriété de l'Etat des biens culturels est l'exception plutôt que la norme, et où ce sont plutôt les intérêts des propriétaires privés qui doivent être protégés par la Convention* »[164].

---

[163] « *C'est aussi la raison pour laquelle l'article 2 se borne à exiger que le bien revête 'une importance pour l'archéologie, la préhistoire', etc. et non une 'grande' ou une 'particulière' importance ce qui aurait obligé à des appréciations complexes ou inéquitables pour la restitution des biens volés, les uns étant protégés et non pas d'autres. Toutefois, l'idée d'une particulière importance du bien pour les fins visées, archéologie, préhistoire, histoire, etc. réapparaîtra dans l'article 5 lorsqu'il s'agira de justifier une demande de retour d'un bien illicitement exporté* » (DROZ A. L. (G.), "La convention d'UNIDROIT sur le retour international des biens culturels volés ou illicitement exportés", *op. cit.*).

[164] « *One of the notable differences in cultural administration is between States which have large numbers of cultural objects in state hands and strong state cultural administrations able to administer detailed systems of classification, contrasting with those others where state ownership of cultural objects is the exception rather than the norm, where it is rather the interests of private owners which need*

Au regard des objets archéologiques issus de fouilles clandestines, encore une fois, la mise en œuvre de la Convention de 1970 se fait de manière disparate, selon la législation des Etats parties : si certains Etats ne réglementent que le retour et la restitution d'objets inventoriés, la législation d'autres Etats parties réglemente le retour de biens culturels non enregistrés et issus principalement de fouilles clandestines. Les objets archéologiques non découverts se trouvant dans le sous-sol sont considérés dans la législation de beaucoup de pays, à l'instar de la Grèce, de l'Italie et de nombreux pays d'Amérique Latine, comme étant la propriété de l'Etat[165]. Cette variété d'applications est exploitée par les criminels, en ce que l'introduction de ces artefacts sur le marché légal n'en est que facilitée. Ainsi, selon l'article 3 (2) de la Convention UNIDROIT, « *un bien culturel issu de fouilles illicites ou licitement issu de fouilles mais illicitement retenu est considéré comme volé si cela est compatible avec le droit de l'Etat où lesdites fouilles ont eu lieu* » : tous les biens archéologiques, y-compris ceux qui n'ont jamais été étudiés et/ou référencés, sont couverts par la Convention UNIDROIT dans l'hypothèse de leur vol ou de leur exportation illicite. Cela résout l'écueil de la Convention de 1970 à l'égard du traitement de ces objets[166].

---

protection by the Convention » (PROTT (L.V.), *Commentary on the 1995 UNIDROIT Convention. Second Edition*, *op. cit.*, p. 46).

[165] C'est le cas dans la plupart des pays sources où la loi nationale déclare que les biens situés dans le sous-sol font partie de la propriété de l'Etat, même s'ils sont découverts et extraits par quelqu'un ne dépendant pas d'un service de l'Etat. La France a également modifié sa législation dans le sens d'une appropriation publique des vestiges archéologiques, avec la loi relative à la liberté de la création, à l'architecture et au patrimoine du 7 juillet 2016, portant modification de l'article L.541-1 du Code du patrimoine.

[166] « *A specially worrying group of cultural objects were those from clandestine excavations. The interpretation of the 1970 Convention which restricted its provisions on return to inventoried objects stolen*

Les dispositions législatives modèles UNESCO - UNIDROIT définissant la propriété de l'Etat sur les biens culturels non découverts (2011) ont été élaborées à la lumière des insuffisances et disparités identifiées concernant le statut juridique des biens culturels non découverts[167]. Suite aux discussions menées lors de la quinzième session (Paris, 11 au 13 mai 2009)[168], et conformément à la recommandation adoptée lors de la seizième session de l'ICPRCP (Paris, 21 au 23 septembre 2010)[169], un comité d'experts a été créé sous l'égide de

---

from a museum or similar institution (Art. 7(b)(ii)) clearly does not include objects from archaeological sites which, being clandestinely excavated, are not inventoried. Article 9 provides that a State 'whose cultural patrimony is in jeopardy from pillage of archaeological or ethnological materials' may call on other States Parties » (PROTT (L.V.), "UNESCO and UNIDROIT: a Partnership against Trafficking in Cultural Objects", *op. cit.*)

[167] L'établissement de ces directives fait suite à un triple constat concernant la législation afférente aux antiquités non encore découvertes : « *la législation des pays est souvent trop vague et imprécise, elle n'est pas connue, l'Etat n'applique pas sa législation à l'encontre de ses propres ressortissants* » (UNIDROIT. *Dispositions législatives modèles UNESCO – UNIDROIT définissant la propriété de l'Etat sur les biens culturels non découverts*, 2012).

[168] À noter que : « [...] *cette proposition de recommandation a été approuvée par l'ensemble des participants lors de leurs discussions mais n'a pas été formellement adoptée, faute de temps* » (UNESCO. *Rapport du Comité intergouvernemental pour la promotion du retour des biens culturels à leur pays d'origine ou de leur restitution en cas d'appropriation illégale sur ses activités (2008-2009) et sur sa quinzième session*, 35ᵉ Conférence générale, 35C/REP/14, 2009).

[169] Recommandation n°3 adoptée lors de la seizième session portant sur la préparation de dispositions modèles accompagnées de lignes directrices explicatives par un comité d'experts indépendants sous l'égide des Secrétariats de l'UNESCO et d'UNIDROIT (UNESCO. *Recommandations*, Seizième session du Comité intergouvernemental pour la promotion du retour des biens culturels à leur pays d'origine ou de leur restitution en cas d'appropriation illégale, CLT-2010/CONF.203/COM.16/5, 2010).

l'UNESCO et de l'UNIDROIT, en 2010[170], aux fins de préparer des dispositions législatives modèles « *définissant la propriété de l'Etat, notamment sur le patrimoine archéologique, qui pourraient inspirer la rédaction de lois nationales et en favoriser l'uniformisation terminologique, en tenant compte non seulement des aspects juridiques mais également des aspects éthiques, philosophiques et historiques* »[171]. Les six dispositions ont été rédigées dans des termes simples et clairs, « *afin d'éviter toute ambiguïté ou interprétation différente* »[172]. Lors de sa dix-septième session (Paris, 30 juin au 1er juillet 2011), l'ICPRCP a adopté une recommandation dans laquelle il prend note de la finalisation des dispositions modèles et demande au Secrétariat de les diffuser largement et de les mettre à disposition des Etats membres qui pourront les considérer lors de l'élaboration ou du renforcement de leur législation nationale[173].

---

170 « *Le groupe d'experts a été constitué par les Secrétariats de l'UNESCO et d'UNIDROIT sur une base géographique la plus représentative possible et les membres ont siégé en leur qualité personnelle en tant qu'experts indépendants* » (UNIDROIT. *Dispositions législatives modèles UNESCO – UNIDROIT définissant la propriété de l'Etat sur les biens culturels non découverts*, 2012).

171 UNESCO. *Rapport du Comité intergouvernemental pour la promotion du retour des biens culturels à leur pays d'origine ou de leur restitution en cas d'appropriation illégale sur ses activités (2008-2009) et sur sa quinzième session, op. cit.*

172 UNESCO. *Fighting the Illicit Trafficking of Cultural Property: a toolkit for European judiciary and law enforcement*, 2018, *op. cit.* « *Ainsi rédigé, le texte indique clairement que les biens en question sont propriété de l'Etat avant même d'être découverts, évitant de la sorte les problèmes d'interprétation des lois vagues* » (UNIDROIT. *Dispositions législatives modèles UNESCO – UNIDROIT définissant la propriété de l'Etat sur les biens culturels non découverts*, 2012).

173 Recommandation n°4 adoptée lors de la dix-septième session portant sur l'examen de dispositions modèles accompagnées de lignes directrices explicatives préparées par un comité d'experts indépendants sous l'égide des Secrétariats de l'UNESCO et

b. L'uniformisation des délais de prescription de l'action en retour ou restitution

La Convention UNIDROIT introduit des délais de prescription de l'action en retour et restitution, dans le but d'établir une norme en la matière, alors qu'avec la Convention de 1970, la diversité des délais de prescription pour les réclamations internationales énoncés dans les lois nationales des différents Etats parties, conduisait à une diversité d'applications. Ainsi, aux termes de l'article 3 (3) de la Convention UNIDROIT, une demande de restitution doit être introduite dans un délai de trois ans à compter du moment où le demandeur découvre l'emplacement du bien culturel volé et dans un délai de cinquante ans à compter de l'occurrence du vol. Les mêmes délais de prescription sont également prévus à l'article 5 (5) concernant les objets culturels exportés illégalement[174].

---

d'UNIDROIT (UNESCO. *Recommandations*, Dix-septième session du Comité intergouvernemental pour la promotion du retour des biens culturels à leur pays d'origine ou de leur restitution en cas d'appropriation illégale, CLT2011/CONF.208/COM.17/5 REV, 2011).

[174] UNESCO. *Fighting the Illicit Trafficking of Cultural Property: a toolkit for European judiciary and law enforcement*, 2018. A noter toutefois, l'article 3 (5) : « *Nonobstant les dispositions du paragraphe précédent, tout Etat contractant peut déclarer qu'une action se prescrit dans un délai de 75 ans ou dans un délai plus long prévu par son droit. Une action, intentée dans un autre Etat contractant, en restitution d'un bien culturel déplacé d'un monument, d'un site archéologique ou d'une collection publique situé dans un Etat contractant qui fait une telle déclaration, se prescrit également dans le même délai* » et l'article 3 (8) : « *En outre, l'action en restitution d'un bien culturel sacré ou revêtant une importance collective appartenant à, et utilisé par, une communauté autochtone ou tribale dans un Etat contractant pour l'usage traditionnel ou rituel de cette communauté est soumise au délai de prescription applicable aux collections publiques* ».

Si la Convention de 1970 compte 143 Etats parties à ce jour, ce nombre s'élève à 54 pour la Convention UNIDROIT[175]. Il est à ce titre regrettable que « *les Etats possédant les plus grandes collections d'art et d'antiquités, les marchés de l'art les plus influents et les musées les plus riches (Etats-Unis, Royaume-Uni, France, Pays-Bas,*

[175] La Convention UNIDROIT est entrée en vigueur le 1er mars 2022 pour le Togo, élevant à douze le nombre d'Etats africains parties à la Convention UNIDROIT (UNIDROIT. *Le Togo adhère à la convention d'UNIDROIT de 1995 sur les biens culturels volés ou illicitement exportés* [en ligne], 8 septembre 2021, URL : https://www.unidroit.org/fr/le-togo-adhere-a-la-convention-dunidroit-de-1995-sur-les-biens-culturels-voles-ou-illicitement-exportes/ [page consultée le 23/06/2022]). Par ailleurs, le 3 août 2022, le Maroc a déposé son instrument d'adhésion à la Convention auprès du Gouvernement italien (dépositaire de la Convention UNIDROIT dans les conditions formulées à l'article 21) pour une entrée en vigueur le 1er février 2023, élevant ainsi à 54 le nombre d'Etats parties à la Convention UNIDROIT (UNIDROIT. *Le Maroc adhère à la Convention d'UNIDROIT de 1995 sur les biens culturels volés ou illicitement exportés* [en ligne], 9 août 2022, URL : https://www.unidroit.org/fr/le-maroc-adhere-a-la-convention-dunidroit-de-1995-sur-les-biens-culturels-voles-ou-illicitement-exportes/ [page consultée le 19/09/2022]). La différence du nombre d'Etats parties entre la Convention de 1970 et la Convention UNIDROIT s'explique de par le fort lobby du marché de l'art, et en ce que la Convention UNIDROIT est un instrument *self-executing* et de droit privé. Elle est par ailleurs intervenue vingt-cinq ans après la Convention de 1970. Cette différence en termes de ratification est à recontextualiser : « *Lyndel Prott correctly pointed out a few years ago that considering the time factor (that is, comparing the number of ratifications after the same number of years from signature) as well as the different dimension of the two organizations, the process of the ratifications is showing a substantially similar development. And, in fact, if we consider her remarks, we can see that to date the two Conventions have respectively reached 128 ratifications out of 195 States parties and 37 ratifications out of 63 States parties, and we can conclude that, in terms of proportionality, her analysis appears to be convincing* » (FRIGO (M.), "The Impact of the UNIDROIT Convention on International Case Law and Practice: An Appraisal", *op. cit.*).

Suisse) aient jusqu'à présent fait le choix de rester en dehors de la Convention UNIDROIT »[176]. Il n'en demeure pas moins qu'un Etat partie à ces deux outils dispose « *d'une panoplie d'outils importants pour la lutte contre le trafic illicite* »[177].

B. L'impact de la Convention UNIDROIT de 1995 sur les musées

Il s'agira d'apprécier comment l'entité muséale est saisie par la Convention UNIDROIT (**1**), avant d'étudier, à la lumière des pratiques muséales, le principe cardinal et sans équivoque qui se dégage de la Convention UNIDROIT et qui résulte de l'expression d'un compromis entre systèmes juridiques, à savoir l'exclusion de la bonne foi acquisitive et l'introduction du concept de diligence requise (**2**).

---

176 PROTT (L.V.), *Commentary on the 1995 UNIDROIT Convention. Second Edition*, *op. cit.*, p. 120.

177 Tandis que : « [...] *leur mise en œuvre est désormais facilitée et complétée par certains outils internationaux, bien que non directement normatifs : l'INTERPOL offre une banque de données des objets culturels volés, l'UNESCO a constitué une base de données de législations nationales relatives à la protection des biens culturels, et l'UNESCO et l'OMD ont élaboré un certificat d'exportation modèle, spécifique pour les objets culturels* » (CARDUCCI (G.), "Complémentarité entre les Conventions de l'UNESCO de 1970 et d'UNIDROIT de 1995 sur les biens culturels", *op. cit.*).

1) L'entité muséale telle que saisie par la Convention UNIDROIT

a. L'absence du terme de musée dans le texte de la Convention UNIDROIT

Il est intéressant de constater que le terme de *musée* n'est aucunement mentionné dans la Convention UNIDROIT. Le terme de « collection » (qui englobe nécessairement les institutions muséales en ce qu'un musée est par essence constitué d'une ou de plusieurs collections), y est quant à lui cité à sept reprises[178]. L'absence de définition du musée dans la Convention UNIDROIT est à mettre en perspective avec l'interprétation large des possesseurs potentiellement à même de revendiquer un bien, selon des procédures différentes selon s'il été volé ou illicitement exporté. La Convention UNIDROIT protège les intérêts de toutes les victimes de vol, de tout propriétaire dépossédé à la suite d'un vol, que ce soit un individu, une personne morale ou un Etat, et de tous les Etats parties souffrant d'exportation illicite[179]. En cela, la Convention

---

[178] Aux articles 3 (4), 3 (5), 3 (7), 3 (8) et à 3 reprises à l'annexe. Par ailleurs, il apparaît que « [...] *le musée est d'abord défini à partir de sa collection* » (ICOM. *De quelle définition les musées ont-ils besoin. Actes de la journée des comités de l'ICOM*, Paris, Grande galerie de l'évolution (MNHN), 10 mars 2020).

[179] CARDUCCI (G.), "Complémentarité entre les Conventions de l'UNESCO de 1970 et d'UNIDROIT de 1995 sur les biens culturels", *op. cit.* Ainsi, « [...] *avec la Convention d'UNIDROIT, la personne, l'institution dépossédée, ou l'Etat d'origine, pourra revendiquer le bien selon des procédures différentes selon que le bien a été volé ou illicitement exporté* » (UNIDROIT. *Présentation* [en ligne], URL : https://www.unidroit.org/fr/presentation-cp/francais [page consultée le 1/08/2021]). Au sens de la Convention de 1970, seule la voie diplomatique est envisagée (art. 7 (b) (ii)). La Convention UNIDROIT, en son article 3, permet à un individu d'engager une action en restitution d'un bien volé sans avoir à convaincre son Etat d'engager une telle

UNIDROIT est davantage susceptible de coller à la réalité de la pluralité de l'entité muséale (de nature publique ou privée) ce que la Convention UNESCO, comme souligné précédemment, n'est pas parvenue à faire.

b. Un élargissement des institutions « propriétaires » ou « dépossédées »

L'une des insuffisances majeures de la Convention de 1970 tient à son champ d'application limité aux objets volés dans les musées[180]. Or, le trafic illicite de biens culturels ne se limite aucunement à cette réalité. En effet, « *l'article 7 (b) (i) précise que seules les œuvres d'art répondant à la définition de bien culturel énoncée à l'article 1 qui ont été volées dans un musée ou un monument public religieux ou laïc ou similaire institution sont couverts par la Convention. Comme l'a noté Bator, cette limitation du champ d'application de la Convention de l'UNESCO signifie que les politiques d'acquisition des musées non gouvernementaux sont soumises uniquement à la persuasion morale* »[181]. A l'inverse, les dispositions de la

demande. Au regard des biens illicitement exportés, l'article 5 de la Convention UNIDROIT concerne exclusivement les Etats parties, en ce qu'un acte d'exportation illégale ne peut être pris qu'à l'encontre d'un Etat (UNESCO. *Fighting the Illicit Trafficking of Cultural Property: a toolkit for European judiciary and law enforcement*, 2018).

[180] LALIVE (P.), "La Convention d'UNIDROIT sur les biens culturels volés ou illicitement exportés (du 24 juin 1995)", *op. cit.*

[181] « *Article 7(b)(i) of the UNESCO Convention makes clear that only works of art fitting into the definition of "cultural property" set forth in Article 1 that have been 'stolen from a museum or a religious or secular public monument or similar institution' are covered by the Convention. As noted by Bator, this limitation in the coverage of the UNESCO Convention means that the 'acquisition policies of nongovernmental museums are subject only to moral persuasion'* » (LENZNER (N. R.), "The Illicit International Trade in Cultural Property: Does the

Convention UNIDROIT ne limitent pas la définition de propriétaire aux institutions publiques[182]. Par ailleurs, la mention « *à condition qu'il soit prouvé que ce ou ces biens font partie de l'inventaire de cette institution* » contenue à l'article 7 (b) (i) de la Convention de 1970 méconnaît les différences d'avancement selon les Etats dans l'établissement d'inventaires et/ou de système de classement de leurs biens culturels[183], vidant potentiellement de sa substance ledit article selon la situation de l'Etat requérant, sans toutefois taire l'obligation pour les Etats d'adopter des mesures de protection sur leur territoire, telle que contenue à l'article 5.

UNIDROIT Convention Provide an Effective Remedy for the Shortcomings of the UNESCO Convention", *op. cit.*).

[182] « [...] *the provisions of the UNIDROIT Convention do not restrict the definition of 'owner' to public institutions as in the UNESCO Convention* » (*Idem*).

[183] En 1997, Lyndel Prott écrivait : « *La majorité des pays de langue anglaise ne disposent pas d'un système de classement de leurs biens culturels meubles* » (PROTT (L.V.), "L'effet positif de la Convention UNIDROIT sur les musées", *op. cit.*). Cela est sans doute moins proche de la réalité en 2021, mais il convient de souligner qu'un tel déséquilibre persiste en ce que beaucoup de pays sources ne sont pas encore au point à cet égard. L'UNESCO travaille au renforcement des capacités des spécialistes des musées dans le domaine de la conservation des collections, de l'inventaire et de la documentation pour contribuer à la lutte contre le trafic illicite de biens culturels et assiste les Etats parties dans la mise en œuvre de l'article 5 de la Convention de 1970 (inventaire national concernant les collections publiques). L'ICOM est également particulièrement actif à cet égard, via le comité international pour la documentation (CIDOC).

2) L'expression d'un compromis au regard de l'acquisition *a non domino* : l'impact sur le musée acquéreur ou dépossédé

a. La responsabilisation du musée dans son activité d'enrichissement des collections

Pour lutter efficacement contre le fléau mondial que représente le trafic illicite de biens culturels, « *il serait vain de s'en tenir à des proclamations étatiques et générales d'intentions, comme l'a fait en substance la Convention de 1970 de l'UNESCO* »[184], car le « *cœur du problème est celui de la revente de l'objet volé puis exporté dans un pays dont la loi est favorable et où un acheteur peu curieux de sa provenance est susceptible d'être considéré comme acquéreur de bonne foi* »[185].

Au cours des négociations de la Convention de 1970, les différences de droit privé existantes « *entre les systèmes qui protégeaient l'acquéreur de 'bonne foi' et les systèmes qui, au moins en théorie, considéraient qu'aucun bon titre ne pouvait être transféré par un voleur* »[186], bien que soulevées et discutées, n'ont toutefois pas été résolues. Or, cette lacune résultant des différences entre les systèmes juridiques est facilement exploitable et exploitée à leur avantage par les trafiquants[187]. Le droit comparé fait en effet état de « *grandes différences dans la protection du propriétaire dépossédé ou de l'acquéreur de bonne foi* »[188].

---

184 LALIVE (P.), "La Convention d'UNIDROIT sur les biens culturels volés ou illicitement exportés (du 24 juin 1995)", *op. cit.*
185 *Idem.*
186 PROTT (L.V.), "UNESCO and UNIDROIT: a Partnership against Trafficking in Cultural Objects", *op. cit.*
187 *Idem.*
188 DROZ A. L. (G.), "La convention d'UNIDROIT sur le retour international des biens culturels volés ou illicitement exportés", *op. cit.*

D'où l'intérêt de la Convention UNIDROIT, qui consiste en « *un compromis entre les différentes tendances des droits internes qui protègent ou sacrifient les acquéreurs de bonne foi* »[189], et qui « *reprend le meilleur de chaque système national et établi un corps minimal de règles juridiques uniformes destinées à faciliter la protection internationale du patrimoine culturel* »[190]. Pour les pays de droit civil ratifiant la Convention UNIDROIT, « *cet aspect du chapitre II est révolutionnaire, en ce qu'il renverse la présomption générale de droit civil prévalant en Europe continentale selon laquelle un acheteur de bonne foi d'un bien culturel volé acquiert un titre de propriété valable* »[191].

La Convention UNESCO ne donnait aucune définition ou explication du concept de *bonne foi*, pourtant

---

189 *Idem.*

190 PROTT (L.V.), "L'effet positif de la Convention UNIDROIT sur les musées", *op. cit.*

191 « *It is important to note that for civil law countries that ratify the Convention, this aspect of Chapter II is revolutionary, as it reverses the general civil law presumption prevalent in continental Europe that a bona fide purchaser of a stolen cultural object acquires good title. In this regard, the UNIDROIT Convention also requires possessors to exercise due diligence when acquiring objects in order to qualify for reasonable compensation upon the return of stolen objects* » (LENZNER (N. R.), "The Illicit International Trade in Cultural Property: Does the UNIDROIT Convention Provide an Effective Remedy for the Shortcomings of the UNESCO Convention", *op. cit.*). En effet : « *Les droits civils allemand, français, espagnol, italien et suisse connaissent la règle de présomption de bonne foi en faveur de l'acquéreur. Le droit anglais fait figure d'exception, mais plutôt parce que la question de la présomption ne se pose pas : en effet, l'acquéreur d'un bien volé doit prouver sa bonne foi au moment de l'acquisition pour que le délai de prescription de l'action en restitution de six ans coure en sa faveur* » (CORNU (M.), FROMAGEAU (J.), WALLAERT (C.), *Dictionnaire comparé du droit du patrimoine culturel*, *op. cit.*, p. 294).

expressément cité à l'article 7 (b) (ii)[192]. La Convention UNIDROIT introduit quant à elle le terme de *diligence requise*[193], celui de *bonne foi* différant de manière significative selon les juridictions nationales. Il s'agit là de l'une des « *grandes nouveautés introduites sur le plan international par la Convention UNIDROIT* », à savoir « *un renversement du fardeau de la preuve : ce n'est pas au propriétaire dépossédé de prouver l'absence de bonne foi de l'acquéreur ou du possesseur actuel, mais à ce dernier d'établir qu'il a agi avec la diligence requise* »[194]. Ainsi, pour pouvoir invoquer sa bonne foi, un particulier devra prouver qu'il a agi avec suffisamment de diligence. L'introduction de ce concept par la Convention UNIDROIT permet d'évaluer, de quantifier la bonne foi acquisitive. L'exclusion de la bonne foi acquisitive résulte d'un choix

---

[192] Aux termes du Dictionnaire comparé du droit du patrimoine culturel, la définition générale de la bonne foi en droit international se lit comme suit : « [...] *principe fondamental et régulateur des relations entre particuliers qui permet d'apprécier le degré de légitimité du comportement de ceux-ci* »[192]. Plus précisément, en ce qui concerne les biens culturels, il s'agit de « [...] *la condition nécessaire mais non exclusive à l'acquisition de la propriété d'un bien culturel ou à l'indemnisation de l'acquéreur tenu de le restituer. Est de bonne foi celui qui agit avec la diligence requise lors de l'acquisition d'un bien culturel* » (*Ibid.*, p. 293).

[193] A noter que : « *Sur le plan international, on relève que les textes se réfèrent indifféremment aux deux notions de bonne foi ou de diligence, sans qu'il semble y avoir de justifications particulières au choix de l'un ou l'autre des termes. Ainsi, le Premier Protocole de la Convention de La Haye de 1954 pour la protection des biens culturels en cas de conflit armé (art. I 4), ainsi que la Convention de l'UNESCO de 1970 (art. 7 b ii), mentionnent-ils la bonne foi de l'acquéreur, alors que la Convention d'UNIDROIT préfère parler de la diligence de l'acquéreur d'un bien culturel volé ou illicitement exporté (art. 4.4 et 6.2) ; de même, en droit européen, la Directive Restitution de 1993 fait référence, elle aussi, à la notion de diligence requise (art. 9.1 de la Directive)* » (*Ibid.*, p. 294).

[194] *Idem.*

délibéré[195]: si la Convention de 1970 prévoyait une indemnisation pour l'acquéreur de bonne foi rendant un bien volé, la Convention UNIDROIT exige de ce dernier la preuve d'une diligence raisonnable effectuée lors de l'acquisition de l'objet, sans quoi il ne pourra prétendre à une indemnisation en cas de restitution (article 4 (1)).

Si « *les musées des Etats régis par la Common Law qui découvraient être en possession de biens volés devaient les restituer sans indemnisation d'aucune sorte* [...], *l'inverse n'était pas vrai. Lorsqu'un bien volé à un musée était retracé dans un Etat accordant à l'acheteur de bonne foi une protection, le musée ne réussissait généralement pas à récupérer le bien en question. Quand il y arrivait, le possesseur devait alors être indemnisé* »[196]. La Convention UNIDROIT réduit la protection de l'acquéreur de bonne foi considérée comme un moyen de faciliter le trafic illicite, selon le professeur Jean Chatelain. Tous les acteurs du marché de l'art, que ce soit l'offre mais également la demande, doivent se saisir du fléau du trafic illicite de biens culturels. De par son activité d'enrichissement des collections, le musée est corrélativement susceptible de concourir au trafic illicite des biens culturels. Les musées sont potentiellement la destination souhaitée par les trafiquants d'objets, au vu de leur importante capacité économique : ils représentent ainsi l'un des destinataires principaux dans la chaîne du trafic et donc un acteur clé dans son renversement[197]. Responsabiliser la demande est

[195] CARDUCCI (G.), *La restitution internationale des biens culturels et des objets d'art*, Paris, Librairie Générale de Droit et de Jurisprudence, 1997, p. 5.

[196] PROTT (L.V.), "L'effet positif de la Convention UNIDROIT sur les musées", *op. cit.*

[197] FERRARI (G.), Officier chargé de la section opération et logistique du *Comando Carabinieri per la Tutela del Patrimonio Culturale*, communication personnelle, 11 mai 2016.

donc incontournable, d'autant plus à la lumière de l'attitude de certains musées et de « *l'exposition de la mesure dans laquelle certains grands musées étaient au courant de l'excavation illicite des objets dont ils faisaient l'acquisition* [...] *Cette évolution nie clairement l'argument des revendeurs selon lequel le trafic illicite était un problème mineur dans un commerce extrêmement honnête et honorable* »[198]. Certains auteurs avancent même « *le rôle des musées dans le maintien du commerce illicite des biens culturels* »[199], signifiant le rôle prépondérant du musée dans la lutte contre le trafic illicite et déconstruisant également l'image du musée comme étant au-dessus de tout soupçon[200].

En définitive, la Convention UNIDROIT « *contribue à réduire, voire éviter, les abus possibles sous le couvert d'une bonne foi souvent présumée ex lege dans l'acquisition (à titre originaire) des biens (volés), et à moraliser le marché de l'art et des biens culturels en*

---

[198] Plus précisément : « *The Italian legal action against a dealer (Giacomo Medici) and a respected curator (Marion True of the J. Paul Getty Museum in Los Angeles) has been well publicized. Documents found in the warehouses from which major museums had been supplied recorded the real and the pretended provenance of items kept in the warehouse. The Getty, the Metropolitan Museum in New York and the Boston Museum of Fine Arts have all returned material to Italy* » (PROTT (L.V.), "The UNIDROIT Convention on Stolen or Illegally Exported Cultural Objects - Ten Years On", *op. cit.*).

[199] WEISS (L.J.), "The Role of Museums in Sustaining the Illicit Trade in Cultural Property", *op. cit.*

[200] « *As non-profit institutions established specifically to conserve and communicate the world's cultural heritage, museums are given the highest esteem and deference regarding their scholarly exhibitions. This reverence has, in large part, allowed these institutions to avert in-depth investigations into their collections, raising significant issues concerning the acquisition and exhibition of cultural property* » (*Idem*).

introduisant certaines règles »[201], notamment au regard de la non-automaticité de l'indemnité et de la diligence requise caractérisée.

b. L'élévation du standard de diligence requise attendue du musée

En cas d'objet volé, l'article 4 (4) de la Convention UNIDROIT indique que « *pour déterminer si le possesseur a agi avec la diligence requise, il sera tenu compte de toutes les circonstances de l'acquisition, notamment de la qualité des parties, du prix payé, de la consultation par le possesseur de tout registre relatif aux biens culturels volés raisonnablement accessible et de toute autre information et documentation pertinentes qu'il aurait pu raisonnablement obtenir et de la consultation d'organismes auxquels il pouvait avoir accès ou de toute autre démarche qu'une personne raisonnable aurait entreprise dans les mêmes circonstances* ». Dès lors, il est fort probable que « *les musées et autres acheteurs institutionnels soient tenus à une norme de diligence plus élevée que les personnes disposant de moins de ressources* »[202]. L'article 4 permet de responsabiliser de manière exponentielle l'acquéreur, à la lumière de sa qualité : le niveau de diligence requis par un

---

[201] CARDUCCI (G.), "Complémentarité entre les Conventions de l'UNESCO de 1970 et d'UNIDROIT de 1995 sur les biens culturels", *op. cit.*

[202] C'est ce qu'écrivait Lenzner, quelques mois avant l'adoption de la Convention, soulignant la significative capacité économique du musée : « [...] *well-informed individuals and institutions will no longer acquire works hastily and secretly due to the potential future liability in the event of a title dispute. Museums and other institutional purchasers likely will be held to a higher standard of care than individuals with fewer resources available to them* » (LENZNER (N. R.), "The Illicit International Trade in Cultural Property: Does the UNIDROIT Convention Provide an Effective Remedy for the Shortcomings of the UNESCO Convention", *op. cit.*).

musée et ses professionnels sera nécessairement plus élevé que celui d'un particulier. Le musée, de par ses missions envers la société, se doit d'avoir une conduite irréprochable, appréciable selon un éventail de critères listés à titre indicatif à l'article 4 (4).

Autre aspect important au regard des pratiques muséales, l'article 4 (5) constitue « *un moyen efficace de prévenir le blanchiment d'objets culturels volés par le biais de cadeaux ou de legs à des parties par ailleurs innocentes* »[203]. Il prévoit en effet que « *le possesseur ne peut bénéficier d'un statut plus favorable que celui de la personne dont il a acquis le bien culturel par héritage ou autrement à titre gratuit* ». Il est indéniable que cette disposition, en se focalisant sur les situations de dons ou legs de biens culturels[204], « *a une signification particulière pour les musées* [...] *qui reçoivent de nombreux dons et legs d'œuvres d'art, car ils seront dans la même situation que le possesseur initial en ce qui concerne l'application des articles 3 et 4. Ils devront donc apporter un soin particulier à la détermination de la provenance des dons et legs ainsi que des achats d'œuvres d'art* »[205]. En résumé, « *cette règle*

---

[203] « [...] *it will be an effective means of preventing the laundering of stolen cultural objects through gifts or bequests to otherwise innocent parties* » (*Idem*).

[204] De manière plus générale, au regard des dons et legs que reçoivent les musées, il est intéressant de noter que : « *Museums rely heavily on donations to fill out their collections. The level of due diligence required to accept a donation was previously lower than for a purchase, but now it typically requires the same scrutiny. If the quality of a donation, measured in terms of aesthetics and documentation, does not meet the standard of a given collection, it will be rejected* » (BELTRAMETTI (S.), "Museums strategies: leasing antiquities", *Colombia Journal of Law and the Arts*, 22/02/2013, pp. 203-260).

[205] « *This focus on acquisition by gift or bequest will have special significance for museums and other charitable organizations that receive numerous gifts and bequests of works of art, for they will be in*

de connaissance imputée charge un possesseur gratuit... de la connaissance de son donateur »[206]. La portée pratique de cette disposition pourrait être « *de refuser une indemnisation à un musée ou à un acheteur tenu de restituer un objet, même s'il pouvait démontrer qu'il a fait preuve d'une diligence raisonnable, s'il est démontré que le donateur avait eu connaissance de l'illégalité du transfert* »[207].

En cas d'exportation illicite, l'article 6 (2) indique que « *pour déterminer si le possesseur a su ou aurait dû raisonnablement savoir que le bien culturel a été illicitement exporté, il sera tenu compte des circonstances de l'acquisition, notamment du défaut du certificat d'exportation requis en vertu du droit de l'Etat requérant* ».

Comme souligné dans un article rédigé en 2007 par Leah J. Weiss au titre quelque peu provocateur mais non moins salutaire, à savoir « *The Role of Museums in Sustaining the Illicit Trade in Cultural Property* » (le rôle des musées dans le maintien du trafic illicite de biens culturels), « *il est difficile de soumettre les musées nationaux et non nationaux aux mêmes lois nationales concernant l'éthique muséale dans l'acquisition et*

---

the same position as the original possessor with regard to the application of Articles 3 and 4. They therefore will need to exercise particular care in determining the provenance of gifts and bequests as well as purchases of works of art » (LENZNER (N. R.), "The Illicit International Trade in Cultural Property: Does the UNIDROIT Convention Provide an Effective Remedy for the Shortcomings of the UNESCO Convention", *op. cit.*).

[206] « *Essentially, this imputed knowledge rule charges a gratuitous possessor... with the knowledge of its donor* » (*Idem*).

[207] « *The practical import would be to deny compensation to a museum or purchaser required to return an object, even if it could show that it exercised reasonable diligence, if the donor is shown to have had knowledge of illegality of the transfer* » (*Idem*).

l'entretien des collections. Ainsi, les changements dans les constitutions, les règlements et les codes d'éthique des musées sont l'endroit le plus efficace pour commencer à éliminer le commerce illicite de l'art »[208]. Par ailleurs, « *en complément de cette prolifération de normes*[209]*, on assiste à une production parallèle de règles de conduite qui, sans avoir le caractère coercitif des normes juridiques, déterminent toutefois des effets contraignants sur certaines catégories de sujets ou influencent de manière significative la régulation du marché* »[210]. Par ailleurs, certains auteurs estiment « *que le patrimoine culturel est trop important pour être considéré uniquement à la lumière de subtilités juridiques* », suggérant ainsi que « *la loi est souvent inadéquate dans le traitement des questions éthiques ou historiques* »[211].

---

[208] « *It is difficult to subject national and non-national museums to the same domestic laws regarding museum ethics in acquisition and collection maintenance. Thus, changes in museum constitutions, by-laws, and codes of ethics are the most effective place to begin chiseling away at the illicit art trade* » (WEISS (L.J.), "The Role of Museums in Sustaining the Illicit Trade in Cultural Property", *op. cit.*)

[209] Que sont, entre autres, la Convention de La Haye pour la protection des biens culturels en cas de conflit armé (1954), la Convention UNESCO de 1970 et la Convention UNIDROIT de 1995.

[210] « *In addition to this proliferation of norms, which can be equally ascertained in other areas of social relations, we witness a parallel production of rules of conduct that, albeit lacking the coercive nature of legal norms, determine binding effects on certain categories of subjects or significantly influence market regulation* » (FRIGO (M.), "Ethical Rules and Codes of Honor Related to Museum Activities: A Complementary Support to the Private International Law Approach Concerning the Circulation of Cultural Property", *op. cit.*).

[211] Préface de REDMOND-COOPER (R.) et SCHNEIDER (M.) dans : PROTT (L.V.), *Commentary on the 1995 UNIDROIT Convention. Second Edition*, Builth Wells, Institute of Art and Law, 2021, p. v.

SECTION 2 : Le développement de l'éthique et de l'intelligence muséales au gré de l'évolution du musée

Le musée est-il enclin à élever ses standards éthiques pour contrer plus efficacement le trafic illicite de biens culturels ?[212] En tant qu'acteur incontournable dans la chaîne de circulation des biens culturels et en raison de sa position plurielle dans le trafic illicite de biens culturels (qu'il en soit la victime, le participant innocent ou malhonnête), le musée joue un rôle essentiel dans la lutte contre ce fléau. Il est crucial que les musées reconnaissent « *qu'il est hautement contraire à l'éthique pour un musée de soutenir de quelque manière que ce soit, directement ou indirectement, ce marché illicite* »[213]. Le cadre éthique qui entoure les pratiques muséales, à l'image du Code ICOM, procède d'une élaboration horizontale[214], c'est-à-dire qu'il est constitué d'un corpus de règles de conduite établies par les sujets auxquels elles s'adressent, i.e. les professionnels des musées. A l'image de la *lex mercatoria* (bien que dans une moindre mesure) encadrant les relations contractuelles entre commerçants alors régis par leurs propres usages[215],

---

[212] WEISS (L.J.), "The Role of Museums in Sustaining the Illicit Trade in Cultural Property", *op. cit.*

[213] « *Museums should recognize the relationship between the marketplace and the initial and often destructive taking of an object for the commercial market, and must recognize that it is highly unethical for a museum to support in any way, whether directly or indirectly, that illicit market* » (DES PORTES (E.), "Museums and ethics: long history, new developments", *op. cit.*).

[214] FRIGO (M.), "Ethical Rules and Codes of Honor Related to Museum Activities: A Complementary Support to the Private International Law Approach Concerning the Circulation of Cultural Property", *op. cit.*

[215] Selon le dictionnaire du droit international, « *La Lex mercatoria est constituée de règles professionnelles propres sans référence à un droit déterminé [...] elle s'appuie sur des usages et des principes largement*

cela confère à ces règles, « *souvent mieux partagées* »[216], une force d'application et une légitimité sans pareilles[217].

Il convient, dans un premier temps, de souligner le rôle de l'ICOM dans l'élévation des standards éthiques au sein de la communauté muséale et dans leur codification (**§1**) avant d'apprécier, dans un second temps, la complémentarité salutaire qu'entretiennent, en l'espèce, règles éthiques et normes juridiques (**§2**).

§1 Le rôle de l'ICOM dans l'élévation des standards et des pratiques éthiques au sein de la communauté muséale mondiale

L'ICOM parvient à fédérer la communauté muséale autour de la lutte contre le trafic illicite de biens culturels, tandis que l'organisation incarne et diffuse la déontologie muséale à un niveau international (**A**). Cette déontologie est confortée par l'élaboration et la mise à disposition d'outils pratiques pluridisciplinaires, fruits d'une concertation éclairée parmi les professionnels appelés à les utiliser au quotidien (**B**).

---

reconnus et respectés, sur des usages observés entre commerçants, sur des contrats-types et des principes consacrés par les sentences arbitrales rendues en matière de commerce international » (Glossaire international. *Définition de Lex Mercatoria* [en ligne], https://www.glossaire-international.com/pages/tous-les-termes/lex-mercatoria.html [page consultée le 14/08/2021]). Ce parallèle est intéressant en l'espèce pour interroger « *les liens entre l'éthique et les usages* » (DUROY (S.), GOFFAUX (G.), JARRASSÉ (D.), "Regards croisés sur les enjeux éthiques du patrimoine culturel", *Juris art etc.*, Juris éditions, Dalloz, 2015, n°28, pp. 18-22.).

216 *Idem.*

217 Puisque davantage basée sur l'acceptation que sur la coercition.

A. La lutte contre le trafic illicite de biens culturels organisée sous l'égide de l'ICOM

L'ICOM, seule organisation internationale dans le domaine des musées, offre un espace de médiation salutaire entre musées et professionnels de musées (**1**), tandis que le Code de déontologie élaboré par cette organisation vient entériner le « *bon agir* » de la communauté muséale mondiale adhérente (**2**).

1) Un forum professionnel propice à l'entérinement de principes éthiques partagés par la communauté muséale mondiale

a. L'ICOM : statut juridique, structure, mission et objectifs

L'ICOM est une association regroupant musées et professionnels de musées issus du monde entier qui a vocation à débattre des thématiques et problématiques des professions et activités muséales[218]. Créée en novembre 1946 (dans le contexte de la création de l'UNESCO) avec le soutien de l'UNESCO et à l'initiative de Chauncey J. Hamlin (alors président de l'AAM), l'ICOM fut associée à l'UNESCO en tant qu'organisation non-gouvernementale de catégorie A[219] (organisations ayant des relations de

[218] Aux termes de l'article 2 de ses Statuts, « *l'ICOM est l'organisation internationale des musées et des professionnels de musée vouée à la recherche, à la conservation, à la pérennité et à la transmission à la société, du patrimoine naturel et culturel mondial, présent et futur, matériel et immatériel* » (ICOM. *Statuts*, 2022). L'ICOM compte plus de 40.000 membres individuels originaires de 138 pays (ICOM. *ICOM Annual Report 2020*, 2021).

[219] "L'UNESCO et l'ICOM : trente-quatre ans de coopération", *Museum*, vol. XXXII, n° 3, 1980. Par ailleurs, « *L'ICOM a rapidement été reconnu par l'UNESCO comme un partenaire scientifique*

consultation et d'association), faisant de l'ICOM « *l'organisation représentative de la profession muséale sur le plan international, ainsi que l'instrument technique de la réalisation des programmes de l'UNESCO concernant le développement des musées* »[220]. Cette relation entre les deux organisations est également formalisée dans les Statuts de l'ICOM[221]. Les modalités du partenariat entre l'ICOM et l'UNESCO ont évolué au cours du temps : depuis 1996, ce partenariat est régi par des accords-cadres[222]. Suite à la réforme des relations de coopération de l'UNESCO avec les ONG (réforme qui a eu des incidences sur le classement de l'ensemble des ONG entretenant des relations formelles avec l'UNESCO) avenue en 1995[223], l'ICOM jouit du statut d'association

---

légitime » (ROBERT (D.), "70 ans : l'apogée tardif de l'ICOM", *Le Journal des arts*, 13 septembre 2016).

220 En 1947, les deux organisations ont signé un accord établissant les modalités de leur coopération. Dans un article rédigé en 1980, la relation entre l'ICOM et l'UNESCO est décrite comme « *une étroite collaboration entre filleul et parrain* », tandis que l'ICOM y est présentée comme « *une organisation non-gouvernementale subventionnée par l'UNESCO, jouissant des liens les plus directs avec l'Organisation - afin de donner aux musées la place qui leur revient dans le monde contemporain* » ("L'UNESCO et l'ICOM : trente-quatre ans de coopération", *op. cit.*).

221 L'ICOM entretient une relation formalisée avec l'UNESCO, aux termes de l'article 1 - Section 2 (statut juridique) de ses Statuts : « *Créé en 1946, l'ICOM* [...] *entretient des relations formelles avec l'UNESCO* » (ICOM, Statuts, 2022).

222 UNESCO. *Occupation gratuite de locaux au siège de l'UNESCO*, 182e session Comité du Siège, 182 COM/SIÈGE/4, 2013.

223 En 1995, les directives révisées concernant les relations de l'UNESCO avec les organisations non gouvernementales furent adoptées lors de la vingt-huitième session de la Conférence générale : dorénavant, les ONG entretenant des relations officielles avec l'UNESCO ne sont plus catégorisées sous les lettres A, B ou C (organisations ayant des relations de consultation et d'association, organisations ayant des relations d'information et de consultation, organisations ayant des relations d'information mutuelle) mais se voient

auprès de l'UNESCO[224]. Ce statut a été prorogé par le Conseil exécutif de l'UNESCO en septembre 2021, pour une nouvelle période de 8 ans, jusqu'en 2029[225]. Par ailleurs, en application des directives concernant le partenariat de l'UNESCO avec les organisations non gouvernementales adoptées par la Conférence générale à sa trente-sixième session, la proximité entre les deux

---

attribuer, dans le cadre de leur partenariat et selon leur degré de coopération avec l'UNESCO, le statut d'association (relations formelles d'association donnant lieu à un partenariat d'association) ou de consultation (relations formelles de consultations donnant lieu à un partenariat de consultation) (UNESCO. *Résolutions*, 28e Conférence générale, 28 C/Resolutions, 1995). L'adoption de ces directives de 1995 a inauguré une période de réforme des relations de coopération de l'UNESCO avec les ONG, réforme qui a eu des incidences sur le classement de l'ensemble des ONG entretenant des relations officielles avec l'Organisation (UNESCO. *Rapport du Directeur général sur les modifications intervenues dans le classement des organisations internationales admises aux différents types de relations avec l'UNESCO et questions y afférentes*, 29e Conférence générale, 29 C/25 + ADD, 1997).

224 « *2. Catégories de partenariat : Deux catégories de partenariat peuvent être établies avec les ONG selon la structure et les buts de ces organisations, la nature de leur coopération avec l'UNESCO et l'importance du concours qu'elles peuvent lui apporter. L'une vise à l'établissement d'un partenariat souple et dynamique dans le cadre de la définition et de la mise en œuvre des programmes de l'UNESCO (statut de consultation), l'autre une coopération étroite et soutenue pour définir et mettre en œuvre le programme de l'Organisation (statut d'association)* » (UNESCO. *Directives concernant le partenariat de l'UNESCO avec les organisations non-gouvernementales adoptées par la Conférence générale à sa trente-sixième session*, 2011).

225 Selon les termes du §6 du document 212 EX/36 : « *La Directrice générale recommande que le statut d'association des ONG énumérées ci-après* [...] *soit renouvelé pour une nouvelle période de huit ans jusqu'en 2029. Tous ces partenariats d'association semblent justifier un renouvellement, en raison notamment d'une coopération historique, étroite, régulière et efficace avec l'UNESCO, de projets conjoints et de synergies futures* » (UNESCO. *Relations avec les partenaires non gouvernementaux*, 212e Conseil Exécutif, 212 EX/36, 2021).

organisations a été renforcée de manière concrète par la mise à disposition d'espaces et bureaux pour l'ICOM au siège de l'UNESCO[226].

À ce jour, l'ICOM compte 119 comités nationaux[227] et 32 comités internationaux[228], dont le comité international sur les dilemmes éthiques (*IC Ethics*) et le comité international pour la sécurité dans les musées (ICMS) amenés à discuter, entre autres, des problématiques de trafic illicite de biens culturels. A noter également les apports majeurs du comité international pour la documentation (CIDOC) qui se consacre à la documentation des

---

[226] « *Les Directives concernant le partenariat de l'UNESCO avec les organisations non gouvernementales, adoptées par la Conférence générale à sa 36e session (36C/Rés., 108), précisent que, pour les organisations dotées du statut d'association avec l'UNESCO, 'dans la mesure du possible, des locaux administratifs peuvent, aux conditions les plus favorables, être mis à la disposition de celles de ces organisations avec lesquelles il est particulièrement nécessaire que le Secrétariat soit en contact permanent pour les besoins de la mise en œuvre du programme de l'UNESCO'* » (UNESCO. *Occupation gratuite de locaux au siège de l'UNESCO, op. cit.*). Toutefois, à partir de l'année 2015, la location d'espace de bureaux dans les bâtiments de l'UNESCO est devenue payante pour l'ICOM (comme pour d'autres ONG) après de longues années de gratuité. En 2020, l'ICOM a libéré la totalité de ces locaux pour déménager à son adresse actuelle, au 15 rue Lasson, 75012 Paris (ROCHE (A.), Documentaliste - archiviste auprès de l'ICOM, communication personnelle, 6 septembre 2022).

[227] « *Les comités nationaux répartissent les membres de l'ICOM au niveau national et veillent aux intérêts des musées et de leurs professionnels dans leurs pays respectifs* » (ICOM. *Comités de l'ICOM* [en ligne], https://icom.museum/fr/a-propos-de-licom/comites-de-licom/ [page consultée le 10/08/2021]).

[228] « *Les Comités internationaux réunissent des experts des différentes spécialités muséales. Ce sont des groupes de réflexion mondiaux sur les musées et, plus généralement, sur le patrimoine et les problématiques muséales. Ils définissent des normes, établissent des recommandations et partagent leur expérience professionnelle et leurs informations scientifiques avec les membres de l'ICOM* » (*Idem*).

collections de musée, le comité international pour la formation du personnel (ICTOP), qui a pour objectif de promouvoir la formation professionnelle et d'établir des normes applicables au personnel de musée, et le comité international pour la gestion des musées (INTERCOM) qui consacre son activité à la promotion internationale d'une gestion saine des musées et qui veille à l'application du Code ICOM[229].

L'ICOM offre un espace de médiation entre professionnels des musées à un niveau international et peut être considéré à ce titre comme le porte-parole des professionnels des musées sur la scène internationale. Aux termes de l'article 2 de ses statuts, l'objet de l'ICOM est « *d'établir des normes professionnelles et déontologiques applicables aux activités des musées, émettre des recommandations sur ces sujets, promouvoir le renforcement des compétences, faire progresser les connaissances et sensibiliser le public à la conservation du patrimoine, par l'intermédiaire de réseaux mondiaux et de programmes de coopération* ». L'ICOM travaille en tant que partenaire d'organisations internationales actives en matière de lutte contre le trafic illicite de biens culturels, à l'instar de l'UNESCO, d'UNIDROIT, de l'OMD ou encore d'INTERPOL, tandis qu'elle défend l'adoption d'une approche pluridisciplinaire et interservices, nécessaire pour contrer efficacement le trafic illicite de biens culturels, à l'image des outils développés par l'ICOM.

Association à but non-lucratif soumise à la législation française (loi de 1901 sur les associations), son statut d'organisation non-gouvernementale lui permet

---

229 ICOM. *Répertoire des Comités* [en ligne], URL : https://icom.museum/fr/a-propos-de-licom/comites-de-licom/ [page consultée le 10/08/2021].

d'évacuer les intérêts nationaux de ses membres. Toutefois, « *comme les Nations Unies, l'ICOM a une approche nationale des problèmes muséaux* »[230], cela s'apprécie au regard du fonctionnement de son organe décisionnel, l'Assemblée générale de l'ICOM : chaque comité national et comité international dispose respectivement de cinq voix, tandis que chaque organisation affiliée (l'ICOM en compte 22) dispose de trois voix. Comme le souligne Robert Hallman, « *la communauté muséale au Népal a donc le même droit de vote que la communauté muséale américaine. Oman et le Qatar, collectivement, ont deux fois les voix des Etats-Unis* [...] *le schéma organisationnel de l'ICOM est peut-être le meilleur disponible pour atteindre ses objectifs* »[231]. En procédant de la sorte, « *la communauté muséale ne se divise pas proportionnellement selon les frontières nationales* »[232].

b. La définition du musée : une contribution majeure de l'ICOM

L'ICOM représente la communauté muséale « *à son niveau le plus large et le plus inclusif* »[233]. Au vu de la

---

[230] HALLMAN (R.), "Museums and Cultural Property: A Retreat from the Internationalist Approach", *International Journal of Cultural Property*, vol. 12, n°2, 2005, p. 201-224.

[231] « *ICOM's General Assembly, its supreme policymaking body, acts through a voting system whereby each of some 116 national committees has five votes; each of 29 international committees, five votes; and each eligible affiliated organization, three votes. The museum community in Nepal thus has the same voting power as the U.S. museum community. Oman and Qatar, collectively, have twice the United States' votes. That observation is not a criticism - ICOM's organizational scheme may be the best available to meet its goals* » (HALLMAN (R.), "Museums and Cultural Property: A Retreat from the Internationalist Approach", *op. cit.*).

[232] *Idem.*

[233] *Idem.*

diversité et de la pluralité des musées, l'ICOM, en tant que forum professionnel, apparaît comme l'entité idoine pour élaborer une définition du musée qui soit pragmatique, empirique et au plus proche de la réalité. En Europe, la définition la plus utilisée du musée est celle donnée par l'ICOM en 2007. Largement répandue dans le monde, elle a également été adoptée par l'UNESCO dans la Recommandation de 2015.

Ainsi, aux termes de l'article 3 des Statuts de l'ICOM adoptés en 2007 lors de la vingt-deuxième Assemblée générale de l'ICOM (Vienne, Autriche), le musée est « *une institution permanente à but non lucratif, au service de la société et de son développement, ouverte au public, qui acquiert, conserve, étudie, transmet et expose le patrimoine matériel et immatériel de l'humanité et son environnement, à des fins d'étude, d'éducation et de délectation* ».

Au vu du caractère éminemment évolutif du musée et de la mouvance des limites du champ muséal, il est « *impératif de continuer à s'interroger sur les nouveaux contours de cette institution âgée de deux siècles et demi, dont de nouvelles formes continuent d'émerger en ce début de millénaire* »[234]. Les travaux d'actualisation de la définition du musée sont dirigés par un comité permanent pour la définition du musée, ICOM *Define*[235]. C'est à l'issue d'un processus consultatif et d'une méthodologie précise consistant en « *quatre cycles de consultation, divisés en*

---

234 MAIRESSE (F.), "Définir le musée du XXIème siècle : Matériaux pour une discussion", *ICOFOM*, 2017.

235 Anciennement dénommé MDPP2, le comité en charge de l'actualisation de la définition du musée a été rebaptisé ICOM *Define* afin d'acter le changement de méthodologie.

onze étapes d'une durée de dix-huit mois »[236], qu'une nouvelle définition du musée a été votée et approuvée lors de la vingt-sixième Conférence générale de l'ICOM (20 au 28 août 2022, Prague, Tchéquie), comme suit : « *un musée est une institution permanente, à but non lucratif et au service de la société, qui se consacre à la recherche, la collecte, la conservation, l'interprétation et l'exposition du patrimoine matériel et immatériel. Ouvert au public, accessible et inclusif, il encourage la diversité et la durabilité. Les musées opèrent et communiquent de manière éthique et professionnelle, avec la participation de diverses communautés. Ils offrent à leurs publics des expériences variées d'éducation, de divertissement, de réflexion et de partage de connaissances* »[237].

La révision de la définition du musée n'est pas sans conséquence et doit nécessairement être adaptée aux enjeux contemporains attachés à ce concept, tandis que l'effet domino induit par cette actualisation ne doit pas être négligé. En effet, de nombreuses législations nationales ont repris ou se sont largement inspirées de la définition du musée telle que révisée par l'ICOM en 2007, et ce lors de l'adoption de nouvelles législations en matière de régulation de l'activité muséale, à l'image du *Decreto Ministeriale* 23/12/2014 « *Organizzazione e funzionamento dei Musei Statali* » adopté en 2014 par l'Italie qui, en son article 1, « *reprend exactement le sens et presque complètement*

[236] ICOM. *National Committees, International Committees, Regional Alliances and Affiliated Organisations that constitute ICOM have and/or will be consulted* [en ligne], URL : https://icom.museum/en/resources/standards-guidelines/museum-definition/ [page consultée le 10/05/2021]).
[237] ICOM. *L'ICOM approuve une nouvelle définition du musée* [en ligne], *op. cit.*

l'écriture de la définition de Musée de 2007 de l'ICOM »[238]. Par ailleurs, son article 2 indique que « *les musées doivent avoir des statuts qui soient en conformité avec le Code de déontologie de l'ICOM* »[239]. Le cas de la Belgique est également pertinent à la lumière du Décret relatif à la reconnaissance et au subventionnement des musées et autres institutions muséales (2002, modifié à plusieurs reprises), pour laquelle la définition du musée, reprenant quasiment mot pour mot celle de l'ICOM (2007), vient conditionner l'octroi de subventions.

Les réflexions autour de l'élaboration d'une nouvelle définition des musées ont eu l'ambition de (i) fournir à la communauté muséale une définition actualisée en introduisant de nouveaux concepts (développement durable, numérique, résilience…), (ii) conserver les termes qui distinguent traditionnellement les musées (collections, conservation, scientificité, permanence, éducation, non-lucrativité), (iii) conforter le statut normatif de la définition de l'ICOM (précision, brièveté, clarté, traductibilité), (iv) préserver la valeur juridique internationale de la définition de l'ICOM (telle que reprise dans la Recommandation de 2015), (v) affirmer le lien inséparable de la définition avec le Code ICOM, (vi) véhiculer le principe de la démocratie représentative de l'ICOM et mettre en valeur le rôle des élus, garants légitimes des décisions[240]. La nouvelle définition du musée parvient-elle à intégrer les mutations et défis contemporains

---

238 MAIRESSE (F.), "Définir le musée du XXIème siècle : Matériaux pour une discussion", *op. cit.*

239 *Idem.*

240 ICOM. *Contribution d'ICOM France* [en ligne], URL : https://icom.museum/wp-content/uploads/2021/01/ICOM-France_choix-de-mots-et-concepts_revueg_acmjrd-toutes-modif-ok.pdf [page consultée le 10/05/2021].

de cette institution ? Une définition unique, et à vocation exhaustive, du musée est-elle opportune ?

En l'espèce, il ressort de cette nouvelle définition l'intégration des concepts de durabilité, d'inclusivité, de participation des communautés et de diversité. Le terme d'éthique fait également son apparition, réaffirmant le lien indissociable de la définition du musée avec le Code ICOM. On peut toutefois regretter l'absence du concept de résilience[241] (pourtant omniprésent dans le lexique de l'ICOM), au vu de la manière dont le musée parvient à perdurer en tant qu'institution incontournable et à se renouveler de manière cohérente, au gré des crises et des défis contemporains auxquels il est confronté.

La révision de la définition du musée préfigure et s'inscrit plus largement dans le cadre de la révision du Code ICOM[242]. Une première consultation menée auprès des membres de l'ICOM au début de l'année 2021 a permis d'identifier plusieurs thèmes à approfondir dans le cadre de l'actualisation du code, à savoir : « *la durabilité ou le*

---

[241] Au vu des résultats de la consultation n°2 sur les mots clés et les concepts qui devraient être inclus dans la définition d'un musé menée dans le cadre du processus de révision, il est surprenant que le terme de résilience n'ait aucunement été cité parmi les termes susceptibles de constituer une nouvelle définition du musée (ICOM. *Musée. Rapport sur les avis des membres de l'ICOM concernant une nouvelle définition du musée. Analyse et rapport indépendants élaborés par le comité ICOM Define*, 22 juin 2021).

[242] « *Les débats sur la définition du musée au cours de la réunion triennale de l'ICOM à Kyoto (2019) ont conduit l'ETHCOM (Comité pour la déontologie professionnelle) à recommander au Conseil exécutif, qu'il était temps de réviser le Code de déontologie afin qu'il puisse exprimer les valeurs actuelles importantes pour le domaine des musées* » (ICOM. *Révision du Code de déontologie* [en ligne], URL : https://icom.museum/fr/member/revision-du-code-de-deontologie/) [page consultée le 24/08/2022]).

développement durable, l'indépendance des musées par rapport aux influences politiques, l'équité, l'accessibilité et l'inclusion, la responsabilité sociale et le rôle social des musées, la restitution et le rapatriement, la collecte de fonds et le sponsorship, ainsi que les implications éthiques de la dimension numérique des musées et des médias sociaux »[243].

2) L'ICOM et l'établissement de normes minimales de pratiques professionnelles pour les musées et leur personnel

Il est particulièrement intéressant d'apprécier le processus de codification de l'éthique muséale en matière d'acquisitions entrepris par l'ICOM à partir des années 1970, et dont le point d'orgue correspond à l'année 1986 avec l'adoption du code de déontologie publié par l'ICOM en 1987.

a. L'ICOM et l'éthique des acquisitions : genèse et évolution

L'intervention et l'engagement de l'ICOM en matière de lutte contre le trafic des biens culturels s'inscrit dans une démarche scientifique et éthique[244]. C'est en 1970, en collaboration avec l'UNESCO, que l'ICOM publiait un premier document sur l'éthique des acquisitions[245], invitant les musées à ne pas acquérir d'objets sans documentation ou provenance fiable. Il apparaît que « *la question*

---

243 *Idem.*

244 DES PORTES (E.), "ICOM and the battle against illicit traffic of cultural property", *op. cit.*

245 DES PORTES (E.), "La lutte contre le trafic des biens culturels : une priorité pour les professionnels de musée", *Gazette du palais*, 21 mars 1995, 115 (1995), Chronique, pp. 327-330.

déontologique n'a pas éveillé d'attention particulière avant 1968-1969, quand a été formulé pour la première fois le besoin d'une plus grande clarification concernant 'l'éthique des acquisitions' lors des discussions du Conseil exécutif, où ce sujet était spontanément apparu comme une préoccupation majeure de la profession »[246]. Dans la continuité de cette mouvance propice au développement et à l'affirmation d'une éthique muséale, un comité d'experts fut créé par le Conseil exécutif de l'ICOM afin de mener une enquête sur l'éthique des acquisitions des musées et dont la tâche successive fut la « *compilation d'un code d'éthique et de méthodes professionnelles* »[247] dans le domaine des acquisitions, dès 1981.

Par ailleurs, entre 1970 et 1981, plusieurs écrits attestent du souci et de la volonté de la profession muséale de définir une éthique professionnelle et de soutenir l'élaboration d'un texte de référence[248]. En novembre 1974, Sid-Ahmed Baghli, grand muséologue algérien, écrivait alors : « *en dépit des conventions internationales, des lois en vigueur dans de nombreux pays, les professionnels des musées peuvent, volontairement ou involontairement, favoriser le trafic illicite des œuvres d'art* [...] *C'est ainsi qu'un code peut être soumis par l'ICOM à l'ensemble de ses membres pour rappeler nos devoirs et les valeurs morales*

---

[246] MURPHY (B.), "Ethique et musées : perspectives d'évolution de l'ICOM", *Les nouvelles de l'ICOM*, n°3, 2005.

[247] MARIN (J.-Y.), "Déontologie et missions : l'exemple des musées", *Bulletin d'informations de l'Association des bibliothécaires français*, n°164, 1994.

[248] A noter toutefois que des discussions au regard de la déontologie du collectionneur furent initiées dès 1898, tandis qu'était publié un « *Code of ethics for museum workers* » en 1925 par l'association américaine des musées (*Idem*). Par ailleurs, dès 1947, l'ICOM, lors de sa première Assemblée générale (Mexico, Mexique), se disait préoccupé par les fouilles illégales et l'exportation illicite.

que nous devons défendre. Ce code doit engager personnellement chaque homme de la profession comme le serment d'Hippocrate lie le médecin qui exerce son métier »[249], tandis qu'il soulignait par la même occasion « *le rôle certain de l'ICOM et sa vocation par excellence de définir les grandes lignes d'un code de la profession pour énoncer une politique et une morale claire et stricte en la matière* »[250].

b. La codification d'une éthique des acquisitions par l'ICOM : le Code de déontologie

Le Code ICOM fut officiellement adopté le 4 novembre 1986, lors de la quinzième Assemblée générale de l'ICOM réunie à Buenos Aires (Argentine). « *Reflétant les principes éthiques auxquels tout le personnel de musée doit souscrire* »[251], il est « *la matrice et le reflet des règles de conduite professionnelle dont se dote la communauté muséale internationale* »[252]. C'est également en 1986 qu'une structure permanente fut créée au sein de l'ICOM : le Comité pour la déontologie professionnelle[253] (aujourd'hui *Comité permanent pour la déontologie*, ETHCOM), chargé de résoudre les problèmes éthiques des musées qui sont portés à son attention). Il est pertinent de signaler à cet égard l'exemple du comité de déontologie de « proximité » mis en place pour les musées de la ville de

---

[249] BAGHLI (S.A.), "Principes pour l'établissement d'une éthique de la profession muséale", *ICOM*, novembre 1974.
[250] *Idem.*
[251] MARIN (J.-Y.), "Déontologie et missions : l'exemple des musées", *op. cit.*
[252] TRAPE (M.), "Le code de déontologie de l'ICOM pour les musées, 1986-2016 (Colloque, Genève, 7-8 décembre 2016)", *Hypothèses, droit, patrimoine et culture*, 18 novembre 2016.
[253] MARIN (J.-Y.), "Déontologie et missions : l'exemple des musées", *op. cit.*

Genève par Vincent Négri et Jean-Yves Marin, dès 2009, initiative qui prouve que « *si, par essence, la déontologie demeure un corpus de référence pour une communauté professionnelle, les principes du Code de déontologie de l'ICOM peuvent également inspirer les institutions ou les autorités de tutelle en charge des musées, qui ont la faculté de renforcer l'effectivité du Code et de l'inscrire plus fortement dans la réalité quotidienne des musées* »[254]. Traduit dans plus de trente-huit langues afin d'en assurer la plus large diffusion, le Code ICOM constitue un outil quotidien pour les professionnels de musée[255], pour lesquels l'adhésion et le paiement de la cotisation annuelle valent acceptation.

Le Code ICOM a été modifié par la vingtième Assemblée générale (Barcelone, Espagne) le 6 juillet 2001 et révisé par la vingt et unième Assemblée générale (Séoul, République de Corée) le 8 octobre 2004, afin de refléter l'évolution des pratiques muséales. A la suite de la vingt-cinquième Conférence générale de l'ICOM (1er au 7 septembre 2019, Kyoto, Japon) en 2019, l'ICOM a décidé que le Code de déontologie « *devrait être revu et, si nécessaire, révisé* », confirmant la vocation évolutive de cet outil au gré des mutations de l'entité muséale et de ses pratiques[256]. A ce titre, l'ETHCOM travaille en étroite

---

[254] NEGRI (V.), "Un comité de déontologie de proximité. Des principes aux pratiques", *Blog MAH Genève*, 16 octobre 2012.

[255] « *L'ICOM référence toutes les idées intelligentes dans le monde des musées. Le code de déontologie en est le résumé et l'outil quotidien* » (Éric Dorfman, directeur du Carnegie Museum d'histoire naturelle de Pittsburgh, Etats-Unis) cité dans : ROBERT (D.), "70 ans : l'apogée tardif de l'ICOM", *op. cit.*

[256] « *En tout état de cause le Code n'apparaît pas comme un document figé mais comme un texte évolutif, sujet à ajouts et modifications* » (MARIN (J.-Y.), "Déontologie et missions : l'exemple des musées",

collaboration avec le comité permanent pour la définition du musée, ICOM *Define*.

Dans sa version initiale, le Code ICOM se composait d'un préambule et de deux sections distinctes, respectivement sur l'éthique institutionnelle et l'éthique professionnelle[257]. L'article 3.2, déjà mentionné en introduction, indiquait alors, au regard de la politique d'acquisition : « *un musée ne doit acquérir aucun objet que ce soit par achat, don, legs ou échange sans que l'autorité de tutelle et le responsable du musée ne se soient assurés que le musée peut obtenir un titre de propriété en règle pour ce spécimen ou cet objet. Ils doivent notamment s'assurer que cet objet n'a pas été acquis dans ou exporté de son pays d'origine ou d'un pays de transit dans lequel il a pu être possédé légalement (y compris dans le pays même où se trouve le musée) en contrevenant aux lois de ce pays* ».

La version du code actuellement en vigueur comprend un préambule, huit parties et un glossaire, l'activité d'enrichissement des collections étant visée à la deuxième partie dont le principe initial indique : « *à cette mission d'intérêt public est inhérente la notion de gestion raisonnée, qui recouvre les idées de propriété légitime, de permanence, de documentation, d'accessibilité et de cession responsable* »[258]. Les articles 4.5 et 8.5 abordent spécifiquement la problématique du trafic illicite de biens

---

Bulletin d'informations de l'Association des bibliothécaires français, n°164, 1994).

[257] A cet égard : « *The institutional ethics provisions applicable to the museum as a corporate institution are binding on governing bodies, directors, and other senior management staff, while the professional ethics provisions apply to all professionals, regardless of their position and status in the museum* » (DES PORTES (E.), "Museums and ethics: long history, new developments", *op. cit.*).

[258] ICOM. *Code de déontologie de l'ICOM pour les musées*, 2004.

culturels, à un niveau institutionnel concernant la présentation des pièces de provenance inconnue et au regard de la conduite professionnelle.

B. Les outils développés et mis à la disposition des musées par l'ICOM pour contrer le trafic illicite de biens culturels : la matérialisation des pratiques éthiques promues par l'organisation

La lutte contre le trafic illicite des biens culturels est l'un des programmes prioritaires de l'ICOM. L'organisation a développé des outils voués à uniformiser les pratiques muséales en matière d'inventaires et de documentation, essentiels à la lutte contre le trafic illicite de biens culturels (**1**) et, successivement, des outils pratiques destinés à contrer ce fléau (**2**).

1) Des outils de standardisation en matière de documentation et d'inventaire des collections

a. La sécurité des collections permise par les inventaires et la documentation

Le Code ICOM, en son article 2.20, souligne l'importance de la documentation des collections. Pourtant, pour nombre de musées, les inventaires des collections demeurent incomplets, voire inexistants. Or, seule une fiche d'inventaire est à même de prouver l'appartenance d'un bien à un musée donné. En effet, « *en l'absence de documentation crédible sur le lieu d'origine de l'objet ou d'historique quant à sa propriété, l'objet est considéré comme 'sans-papiers', ce qui crée une situation très controversée pour le musée* »[259]. L'absence d'inventaire peut par ailleurs mener à des situations dramatiques en cas de vol, quand le musée n'en constate l'absence que des mois, voire des années après. Procéder à l'inventaire des collections est un travail de prévention colossal, mais nécessaire. La finalisation des inventaires participe indubitablement de la lutte contre le trafic illicite des biens culturels. L'action du CIDOC est non-négligeable à ce titre, à l'image de l'émission, par ce comité, d'une première liste de normes d'information minimales établie en 1978[260]. Ce comité permanent fournit des lignes directrices et des normes sur la documentation des collections des musées[261]. Par ailleurs, l'ICOM développe des programmes d'assistance en matière d'inventaires et de documentation aux Etats en exprimant le besoin, à l'image d'AFRICOM, programme pilote de normalisation des inventaires de collection mis en place depuis 1994 pour les musées africains[262], tandis que l'organisation délivre des formations en gestion des collections.

L'inventaire revêt une importance capitale en matière de gestion des collections et permet la traçabilité des biens culturels. Par ailleurs, les informations contenues dans la fiche d'inventaire sont fondamentales au regard de

---

[259] « *Where there is no credible documentation of the object's place of origin or history of its ownership, the object is considered to be 'undocumented', which creates a very controversial situation for the museum* » (YASAITIS (K. E.) , "Object ID: a model of global collaboration", *Museum Management and Curatorship*, 20:1, 2005, p. 21-39).

[260] DES PORTES (E.), "La lutte contre le trafic des biens culturels : une priorité pour les professionnels de musée", *op. cit.*

[261] ICOM International Observatory on Illicit Traffic in Cultural Goods. *Outils de l'ICOM* [en ligne], URL : https://www.obs-traffic.museum/fr/tools [page consultée le 16/08/2021].

[262] DES PORTES (E.), "La lutte contre le trafic des biens culturels : une priorité pour les professionnels de musée", *op. cit.*

l'historique d'un objet et l'établissement de sa propriété, tandis que « *leur diffusion est une condition pour l'exercice nécessaire de l'obligation de diligence pendant une acquisition* »[263]. Ainsi, « *l'inventaire et la fiche d'identification sont reconnus comme l'outil le plus puissant dans la lutte contre le trafic illicite des biens culturels* »[264]. Or, si la Convention de 1970, en son article 5, appelle à la création d'inventaires nationaux, tandis que l'article 4 de la Convention UNIDROIT consacre l'exigence de diligence requise, comme incluant potentiellement la consultation de registres spécialisés et autres documents, « *ce n'est qu'avec le développement d'Object ID qu'une forme standardisée réussie de documentation a émergé avec une réelle portée internationale* »[265].

b. Object ID : une procédure normalisée pour documenter et décrire les collections

L'élaboration et la diffusion d'*Object Identification* (ci-après « Object ID ») n'est que la réponse à un besoin croissant de la communauté muséale d'une norme de documentation qui soit internationalement reconnue et qui établisse une procédure normalisée pour documenter et décrire les collections. Développée dans les années 1990 par le J. Paul Getty Trust (organe de contrôle du *Getty Museum*[266]), la norme Object ID correspond à « la carte d'identité de l'objet » dont l'utilisation est largement

---

263 ICOM International Observatory on Illicit Traffic in Cultural Goods. *Documentation : inventaire / fiche d'identification* [en ligne], URL : https://www.obs-traffic.museum/fr/documentation-inventaire-fiche-d'identification [page consultée le 16/08/2021].

264 *Idem.*

265 YASAITIS (K. E.) , "Object ID: a model of global collaboration", *op. cit.*

266 MOULAS (C.), "Musées américains : qui sont les 'trustees' ?", *Le Journal des Arts*, 29 juillet 2018.

encouragée auprès de la communauté muséale mondiale par l'ICOM, qui « *détient désormais les droits de licence pour promouvoir l'utilisation de cette norme auprès des professionnels des musées* »[267].

Conscient que la portée universelle et la diffusion de cet outil ne pourraient être assurées que par un travail de collaboration, le J. Paul Getty Trust a organisé, dès 1993, une série de réunions auxquelles furent conviés, entre autres, le Conseil de l'Europe, l'ICOM, INTERPOL, l'UNESCO, des organismes d'assurance, des opérateurs du marché de l'art… Parallèlement, des enquêtes et sondages furent préparés à leur attention, afin d'identifier les catégories d'information les plus plébiscitées pour être incorporées dans cette norme[268]. En effet, cet outil nécessitait un niveau de description minimal qui soit intelligible pour chacune des organisations susceptibles de l'utiliser : « *J. Paul Getty Trust l'a créé pour qu'il soit court et simple* »[269] et n'y a incorporé que les catégories d'informations les plus fortement soutenues par les entités et organismes sollicités. Au travers d'un processus d'élaboration participatif, cet outil n'a pas vocation à remplacer les normes actuelles d'une organisation, mais plutôt à représenter une norme de base à mettre en œuvre

---

[267] ICOM. *Object ID ICOM* [en ligne], URL : https://icom.museum/fr/ressources/normes-et-lignes-directrices/object-id/ [page consultée le 16/08/2021].

[268] Il est à cet égard pertinent de s'intéresser aux débats qui ont entouré le choix des critères et du type d'informations pour décrire de façon efficace les objets, dans le but de les identifier. La lecture de cet article en donne un aperçu : YASAITIS (K. E.) , "Object ID: a model of global collaboration", *op. cit.* En l'occurrence, les neuf catégories d'informations retenues sont les suivantes : type d'objet, matières et techniques, mesures, inscriptions et marques, signes particuliers, titre, sujet, date ou époque, fabricant.

[269] *Idem.*

dans les systèmes déjà existants[270]. La norme Object ID est à ce titre compatible avec la base de données d'œuvres d'art volées d'INTERPOL (*Stolen Works of Art Database*). Disponible en 17 langues, « *la majorité des autorités douanières des Etats membres de l'Union européenne utilisent la norme* », tandis que son utilisation est promue et utilisée par l'UNESCO, certaines forces de police spécialisée (à l'instar du CCTPC et de l'*Art and Antiques Unit* de la *Metropolitan Police* de Londres), la Commission européenne, les forces de douanes, ou encore l'OMD (au travers de la diffusion de cette norme à l'échelle internationale via le réseau ARCHEO, plateforme sécurisée permettant de mettre en relation agents de douanes et experts du patrimoine culturel pour les aider à identifier des objets, leur provenance et valeur)...[271]. Plus récemment, l'application ID-Art d'INTERPOL lancée en 2020 et qui facilite l'accès en temps réel à la base de données précitée, s'appuie sur la norme Object ID[272].

---

[270] *Idem.*

[271] ICOM. *Object ID ICOM* [en ligne], URL : https://icom.museum/fr/ressources/normes-et-lignes-directrices/object-id/ [page consultée le 16/08/2021]. A noter à cet égard que l'ICOM organise des ateliers, en collaboration avec l'UNESCO, l'OMD et INTERPOL, sur la mise en œuvre de cette norme.

[272] INTERPOL. *INTERPOL lance une application pour améliorer la protection du patrimoine culturel* [en ligne], 2021, URL : https://www.interpol.int/fr/Actualites-et-evenements/Actualites/2021/INTERPOL-lance-une-application-pour-ameliorer-la-protection-du-patrimoine-culturel [page consultée le 20/07/2021].

2) Des outils pratiques développés par l'ICOM

a. Les listes rouges des biens culturels en péril de l'ICOM

Les listes rouges des biens culturels en péril mises en place par l'ICOM en 2000 (ci-après les « Listes Rouges »), constituent un apport fondamental de l'action de l'ICOM dans la lutte contre le trafic illicite de biens culturels. Contrairement aux publications « *Cent objets disparus* »[273] (faisant suite au succès de la rubrique *Patrimoine* de la publication « *Les Nouvelles de l'ICOM* » dans laquelle étaient reproduites des photos et notices d'objets disparus répertoriés par INTERPOL), largement diffusées auprès des professionnels des musées, des services de police, de douanes et des opérateurs du marché de l'art[274], les Listes Rouges ne répertorient pas des objets volés, mais font état de catégories de biens particulièrement exposés au trafic, d'objets vulnérables en demande sur le marché et protégés dans leur pays d'origine. Ainsi, ces listes ont vocation à assister les individus, organisations et autorités (e.g. les services de police et les douanes) dans l'identification des objets en danger et à empêcher qu'ils soient vendus ou exportés de manière illégale[275]. La base de

[273] Le premier numéro (1993), faisait état de biens soustraits du site d'Angkor (Cambodge), le deuxième numéro (1994), fut consacré au pillage du patrimoine africain, tandis que le troisième numéro (1996), fut consacré aux biens volés dans des musées d'Amérique Latine (DES PORTES (E.), "La lutte contre le trafic des biens culturels : une priorité pour les professionnels de musée", *op. cit.*).

[274] *Idem.*

[275] ICOM International Observatory on Illicit Traffic in Cultural Goods. *Outils de l'ICOM* [en ligne], URL : https://www.obs-traffic.museum/fr/tools [page consultée le 17/08/2021].

données est accessible en ligne, par tous[276], et a permis l'identification, la récupération et la restitution de nombreux objets culturels d'Irak, d'Afghanistan et du Mali, notamment[277].

A ce jour, des listes ont été élaborées pour des objets culturels situés en Asie (Afghanistan, Cambodge, Chine), en Amérique Latine et Caraïbes (Amérique centrale et du Mexique, Colombie, Haïti, Pérou), en Afrique du Nord et Moyen-Orient (Irak, Libye, Syrie, Yémen, Egypte) et Afrique de l'Ouest[278]. Enfin, en octobre 2021, l'ICOM a lancé sa dix-huitième Liste Rouge régionale pour la zone des Balkans (Albanie, Bosnie-Herzégovine, Bulgarie, Croatie, Monténégro, Macédoine du Nord, République de Moldavie, Roumanie, Serbie, Slovénie), pour laquelle 10 Etats d'Europe du Sud-Est et les comités nationaux correspondants ont été consultés[279]. L'ICOM, en étroite coopération avec son Comité national en Ukraine, prépare actuellement une Liste Rouge d'urgence des biens culturels en péril pour l'Ukraine, consécutivement à l'invasion russe avenue en février 2022[280].

---

[276] ICOM. *Base de données des listes rouges* [en ligne], URL : https://icom.museum/fr/ressources/red-lists/ [page consultée le 16/08/2021].
[277] ICOM. *Listes Rouges ICOM* [en ligne], URL : https://icom.museum/fr/nos-actions/protection-du-patrimoine/listes-rouges-red-lists/ [page consultée le 16/08/2021].
[278] *Idem.*
[279] ICOM. *Nouvelle Liste rouge de l'ICOM : focus sur la région d'Europe du Sud-Est* [en ligne], 14 octobre 2021, URL : https://icom.museum/fr/news/nouvelle-liste-rouge-de-licom-focus-sur-la-region-deurope-du-sud-est/ [page consultée le 17/10/2021].
[280] ICOM. *L'ICOM est en train de préparer une Liste Rouge d'urgence des Biens Culturels en péril pour l'Ukraine* [en ligne], 28 juin 2022, URL : https://icom.museum/fr/news/liste-rouge-durgence-des-biens-culturels-ukraine/ [page consultée le 14/09/2022].

b. L'observatoire international du trafic illicite des biens culturels

L'Observatoire international du trafic illicite des biens culturels est une plateforme de coopération internationale mise en place par l'ICOM en 2013 (avec le soutien financier du programme « *Prévenir et combattre la criminalité* » de la Commission Européenne[281]) qui constitue un outil efficace contre le trafic illicite de biens culturels. Accessible au public, cette plateforme concourt efficacement à la sensibilisation du plus large public, à travers une grande variété de ressources et d'outils documentaires, à l'instar de la publication pluridisciplinaire *Countering Illicit Traffic in Cultural Goods : The Global Challenge of Protecting the World's Heritage* regroupant « *des articles de chercheurs, d'universitaires, de professionnels des musées et du patrimoine, de conseillers juridiques, de conservateurs et de journalistes* »[282], ainsi que des études de cas sur le pillage dans des pays spécifiques. L'éducation et la sensibilisation participent indubitablement à la lutte contre le trafic illicite des biens culturels.

L'ensemble des outils développés et promus par l'ICOM, à l'image d'Object ID, des Listes Rouges et de l'Observatoire international du trafic illicite des biens culturels, consacrent la nécessité de coopération et de l'adoption d'une approche pluridisciplinaire, tant dans l'élaboration que dans l'utilisation et la diffusion de ces outils.

---

[281] A noter toutefois que ce soutien financier n'a pas été renouvelé.
[282] ICOM International Observatory on Illicit Traffic in Cultural Goods. *Outils de l'ICOM* [en ligne], URL : https://www.obs-traffic.museum/fr/tools [page consultée le 17/08/2021].

§2 La complémentarité de l'éthique muséale avec les normes internationales en matière de lutte contre le trafic illicite de biens culturels

Il apparaît que « *le rôle des règles éthiques et des codes de conduite dans le domaine du droit de l'art et de la protection internationale des biens culturels, ainsi que l'adoption des conventions pertinentes, n'a cessé de croître au cours des dernières décennies. Bien qu'elles n'aient pas le caractère coercitif des normes juridiques, ces règles de conduite peuvent avoir un effet contraignant sur certaines catégories de sujets, et influencer de manière significative les réglementations du marché* »[283].

L'objet du présent paragraphe sera d'apprécier la complémentarité de l'éthique et du droit, les rapports qu'ils entretiennent et l'influence de l'éthique sur le droit positif. La mise en exergue de ces interactions consacre plus largement l'opportune synergie existant en matière de lutte contre le trafic illicite de biens culturels entre l'UNESCO, l'UNIDROIT, et l'ICOM, dans leur rôle respectif de production de normes (UNESCO, UNIDROIT) et de prévention et d'élévation des standards éthiques (ICOM).

Ainsi, l'articulation de la déontologie muséale telle que codifiée par l'ICOM avec les instruments internationaux, objets de la précédente section, renforce l'applicabilité et l'observation de ces principes et normes par

[283] « *The role of ethical rules and codes of conduct in the field of art law and the international protection of cultural property, together with the adoption of the relevant conventions, has constantly increased in the last decades. Albeit lacking the coercive nature of legal norms, these rules of conduct may have a binding effect on certain categories of subjects as well as significantly influence market regulations* » (FRIGO (M.), "The Impact of the UNIDROIT Convention on International Case Law and Practice: An Appraisal", *op. cit.*).

leurs sujets respectifs (**A**), tandis qu'elle permet d'homogénéiser la moralisation exercée sur les musées en tant qu'acteurs du marché de l'art (**B**).

A. L'articulation de la déontologie muséale avec les normes internationales en matière de lutte contre le trafic illicite de biens culturels

Les principes déontologiques précèdent les lois. Non-contraignants juridiquement, leur efficacité repose essentiellement sur l'autorégulation et sur leur éventuelle intégration à un texte législatif ou réglementaire, alors à même de leur conférer une assise juridique. Si les règles éthiques ont une influence lente (mais profonde), elles permettent d'octroyer une certaine maturité à un texte juridique. L'ICOM est très vite parvenu à asseoir son expertise auprès de l'UNESCO et à consécutivement l'imprégner de la déontologie muséale qu'elle promeut en tant qu'unique entité internationale dans le domaine des musées (**1**), tandis que les interactions manifestes entre les versions successives du Code ICOM et la Convention UNIDROIT de 1995 soulignent l'importance de la coexistence des normes déontologiques et juridiques (**2**).

1) L'expression de la déontologie muséale dans les instruments UNESCO

a. De la déclaration de M. Amadou-Mahtar M'Bow de juin 1978 à la Recommandation de 2015 : la déontologie muséale dans les instruments de soft law de l'UNESCO

L'appel de M. Amadou-Mahtar M'Bow, alors directeur général de l'UNESCO, le 7 juin 1978, fait expressément référence à l'action de l'ICOM. Surtout connue comme l'expression d'un premier plaidoyer en faveur de la restitution des biens coloniaux dans une instance internationale, cette déclaration est également un témoignage de la reconnaissance de l'expertise de l'ICOM par l'UNESCO. M. M'Bow appelait ainsi « *les organisations culturelles et les associations de spécialistes de tous les continents à contribuer à la formulation et à l'application d'une éthique plus stricte de l'acquisition et de la conservation des biens culturels et à la révision progressive des codes déontologiques professionnels en la matière, s'inspirant en cela de l'initiative de l'ICOM* »[284].

Lors de la vingtième session de la Conférence générale de l'UNESCO (Paris, du 24 octobre au 28 novembre 1978), soit quelques mois seulement après cette déclaration, fut créé le Comité intergouvernemental pour la promotion du retour de biens culturels à leur pays d'origine ou de leur restitution en cas d'appropriation illégale (ci-après « ICPRCP »)[285], conformément à la résolution 20C4/7.6/5 dont l'adoption s'inscrit dans le prolongement de l'appel de M. M'Bow[286] : « *La Conférence générale,* [...] *Consciente de l'importance que présente pour ces pays le retour de biens ayant pour eux une valeur spirituelle et culturelle fondamentale afin qu'ils puissent constituer des collections représentatives de leur patrimoine culturel, Considérant que les Etats membres devraient collaborer dans un esprit de compréhension mutuelle et de solidarité*

---

284 UNESCO. *Appel de M. Amadou-Mahtar M'Bow, Directeur général de l'UNESCO*, 7 juin 1978.

285 Cet organe intergouvernemental permanent est indépendant de la Convention UNESCO de 1970 (UNESCO. *Historique* [en ligne], URL : http://www.unesco.org/new/fr/culture/themes/restitution-of-cultural-property/intergovernmental-committee/historical-background/ [page consultée le 22/08/2021]).

286 UNESCO. *Résolution 20 C4/7.6/5 de la 20e session de la Conférence générale de l'UNESCO*, 1978.

à l'établissement et à la mise en œuvre de programmes pour la constitution de telles collections, Ayant pris note des observations et propositions du Directeur général sur cette question ». L'appel de M. M'Bow a véritablement impulsé le débat « *pour le retour, à ceux qui l'ont créé, d'un patrimoine culturel irremplaçable* »[287].

L'allocution de M. M'Bow, en sa qualité de Directeur général, lors de la clôture de la vingtième session de la Conférence générale a permis d'acter l'évolution des conceptions sur ces questions dans l'enceinte de l'UNESCO : « *les délibérations ont clairement montré l'importance que l'ensemble des Etats membres attachent à cette question. Elles ont montré également que la situation des pays qui sont démunis d'une partie essentielle de leur patrimoine culturel a été comprise par ceux auxquels mon appel de juin dernier a été adressé* »[288], tandis qu'il se disait « *particulièrement heureux de constater que le problème a été traité dans un climat de solidarité et de coopération dont témoigne l'adoption unanime des statuts du Comité intergouvernemental pour la promotion du retour de biens culturels à leur pays d'origine ou de leur restitution en cas d'appropriation illégale* »[289].

Un autre document significatif émis par l'UNESCO et duquel émane la volonté d'une large application d'une éthique des acquisitions telle que promue par l'ICOM, est la Recommandation de 2015. Prenant la mesure du nombre

---

[287] UNESCO. *Appel de M. Amadou-Mahtar M'Bow, Directeur général de l'UNESCO*, 7 juin 1978.

[288] UNESCO. *Allocution de M. Amadou-Mahtar M'Bow, Directeur général de l'UNESCO, lors de la clôture de la vingtième session de la Conférence générale*, Paris, 20 C/INF.11, 28 novembre 1978.

[289] *Idem.*

croissant de musées dans le monde et reconnaissant leur rôle majeur dans la poursuite des actions et missions fondamentales de l'UNESCO (préservation du patrimoine, promotion de la diversité culturelle, éducation, progrès scientifique…), ce document est essentiel[290]. En plus de reprendre la définition du musée telle qu'élaborée par l'ICOM, il mentionne expressément le Code ICOM en son paragraphe 26, comme constituant « *la référence la plus largement partagée* » et encourage ses Etats membres à « *promouvoir l'adoption et la diffusion de ces principes et d'autres codes de déontologie et bonnes pratiques, et à s'en inspirer pour l'élaboration de normes, de politiques muséales et de législations nationales* ». Par ailleurs, le paragraphe 21 est d'une importance cruciale en ce qu'il indique que « *les États membres devraient veiller à ce que les musées mettent en œuvre les principes des instruments internationaux applicables. Les musées sont tenus d'observer les principes des instruments internationaux pour la protection et la promotion du patrimoine culturel et naturel, matériel et immatériel. Ils devraient également adhérer aux principes des instruments internationaux concernant la lutte contre le trafic illicite des biens culturels et coordonner leurs efforts en la matière. Les musées doivent en outre tenir compte des normes déontologiques et professionnelles établies par la communauté professionnelle muséale…* », insistant ainsi sur le fait que les musées font partie des institutions les plus importantes pour la sauvegarde du patrimoine.

---

290 Le préambule de la Recommandation, en son huitième paragraphe, considère « *qu'il est de la responsabilité de chaque État membre de protéger le patrimoine culturel* [...] *sur le territoire sous sa juridiction en toutes circonstances et de soutenir les actions des musées et le rôle des collections à cet effet* ».

Ainsi, l'aura et les répercussions de la déclaration de M. M'Bow en 1978 et de la Recommandation de 2015, en dépit de leur caractère non-contraignant, ne sont pas à négliger. Une étape importante intervenue entre ces deux textes correspond à l'adoption d'un instrument international juridiquement contraignant : la Convention sur la protection et la promotion de la diversité des expressions culturelles (ci-après la « Convention de 2005 »), le 20 octobre 2005 à l'occasion de la trente-troisième session de la Conférence générale de l'UNESCO, dans le contexte de reconnaissance de « *la réalité autonome de la culture* »[291] et de « *montée en puissance de la sphère culturelle* »[292]. Il s'agit du « *premier document international à valeur juridique à statuer sur l'importance de la culture et de la diversité culturelle dans le domaine des politiques culturelles, mais également dans ceux de la coopération internationale, du développement ou encore des droits de l'homme* »[293]. La Convention tient compte de la pluralité des acteurs de la diversité culturelle, dont font indéniablement partie les musées. L'ICOM a d'ailleurs adopté, dès 1998, lors sa dix-neuvième Assemblée générale (Melbourne, 16 octobre 1998) une résolution intitulée « Musées et diversité culturelle » par laquelle l'organisation affirmait son engagement à « *développer les musées en tant que lieux devant promouvoir des valeurs patrimoniales significatives pour tous les peuples par l'instauration d'un*

---

291 OUSTINOFF (M.), "Les points clés de la Convention sur la diversité des expressions culturelles", *Hermès, La Revue*, 2008/2, n°51, pp. 71-74.

292 « [...] *ce que Dominique Wolton appelle l'autre mondialisation* » (*Idem*).

293 ANGHEL (L.), "La convention sur la diversité des expressions culturelles : état des lieux", *Hermès, La Revue*, 2008/2, n°51, pp. 65-69.

dialogue transculturel »[294], ainsi qu'une politique de diversité culturelle. Par ailleurs, l'organisation a publié, en 2010, lors de la vingt-cinquième Assemblée générale de l'organisation (Shanghai, Chine, novembre 2010), la Charte de la diversité culturelle de l'ICOM[295]. L'ambition de la Convention de 2005 est notamment « *d'agir sur le déséquilibre des échanges culturels* »[296], tandis que « *la défense de la diversité dans les échanges culturels est censée contribuer à la création d'un cadre propice au dialogue, à la compréhension mutuelle, aux échanges équilibrés entre les différentes aires culturelles* »[297].

b. L'intégration de la Convention UNESCO de 1970 au Code de déontologie

La Convention de 1970 est intervenue en amont de la première version du Code ICOM datant de 1986. Aussi seuls les possibles apports de la Convention de 1970 au sein du Code ICOM peuvent-ils être appréciés. A noter toutefois que, comme mentionné précédemment, le premier document de l'ICOM portant sur l'éthique des acquisitions fut publié en 1970, soit la même année que la Convention

[294] Résolution n°1 : Musées et diversité culturelle (ICOM. *Résolutions adoptées par la dix-neuvième Assemblée générale de l'ICOM*, 1998).
[295] Résolution n°2 : La Charte de la diversité culturelle de l'ICOM (ICOM. *Résolutions adoptées par la vingt-cinquième Assemblée générale de l'ICOM*, 2010).
[296] ANGHEL (L.), "La convention sur la diversité des expressions culturelles : état des lieux", *op. cit.*
[297] En cela : « *La Convention réalise une jonction entre deux visions opposées : l'universalisme (qui porte les valeurs universelles de paix, de justice, de respect ou encore des droits de l'homme) et le particularisme (la liberté de chaque culture de décider de son sort)* » (*Idem*).

UNESCO dont il est question. Par ailleurs, l'article 4.4 du premier code mentionnait la Convention de 1970[298].

L'article 7.1 (législation nationale) du Code ICOM en vigueur énonce le cadre juridique auquel les musées doivent se conformer : « *Les musées doivent se conformer à toutes les lois nationales et locales de leur lieu d'implantation et respecter la législation des autres États si elle interfère avec leurs activités* », tandis que la Convention de 1970 et la Convention UNIDROIT, entre autres, sont expressément mentionnées à l'article 7.2 (Législation internationale) du Code ICOM : « *La politique des musées doit prendre acte de la législation internationale servant de norme à l'interprétation du Code de déontologie de l'ICOM pour les musées, à savoir : – la Convention pour la protection des biens culturels en cas de conflit armé, avec Règlement d'exécution (Convention de La Haye, Protocole, 1954 et Deuxième Protocole, 1999) ;– la Convention concernant les mesures à prendre pour interdire et empêcher l'importation, l'exportation et le transfert de propriété illicites des biens culturels (UNESCO, 1970)* [...] ». En procédant ainsi, le Code ICOM intègre les principes contenus dans les dispositions des instruments internationaux majeurs, et ce même pour les musées situés dans des Etats qui n'y sont pas parties. Cet outil à la portée universelle « *apporte un moyen d'autorégulation professionnelle dans un domaine clé de prestations publiques où, au niveau national, la législation est variable et peut être mal définie. Il fixe des normes minimales de conduite et de performance auxquelles le*

---

[298] A noter que l'article 2.11 relatif aux obligations légales, ne fait quant à lui pas mention expresse de la Convention de 1970, tandis qu'il enjoint strictement les musées à respecter leurs obligations légales au regard de la législation nationale, régionale et internationale (ICOM. *Code de déontologie professionnelle*, 1986).

personnel professionnel peut, dans le monde entier, raisonnablement aspirer, tout en stipulant clairement ce que le public est en droit d'attendre de la profession muséale »[299]. Sans taire la différence majeure qui sépare le droit de la déontologie, à savoir que si cette dernière « *peut influencer l'élaboration d'une règle juridique voire posséder un principe identique au contenu d'une règle juridique spécifique, la déontologie en tant que telle n'est pas juridiquement contraignante* [...] *le non-respect d'une règle ou d'un principe déontologique en soi n'entraîne généralement pas de sanctions pénales* »[300]. Néanmoins, une violation des principes éthiques peut avoir des conséquences négatives directes pour l'institution muséale, tandis qu'en l'espèce, le non-respect du Code ICOM expose son contrevenant (individu ou institution) à la perte de sa qualité de membre de l'organisation.

2) Les interactions de la Convention UNIDROIT avec le Code de déontologie ICOM

La Convention UNIDROIT de 1995 vient asseoir juridiquement certains des principes éthiques exprimés dans le Code de déontologie de 1986 (**a**), tandis que la perméabilité de la version révisée du Code ICOM avec les travaux d'UNIDROIT est évidente (**b**).

---

299 Geoffrey Lewis dans : ICOM. *Code de déontologie de l'ICOM pour les musées* [en ligne], 2006, URL : http://www.icom-wb.museum/files/files/code_deontologie_ICOM.pdf [page consultée le 10/07/2022]

300 CARDUCCI (G.), "Déontologie, droit et patrimoine", *Les nouvelles de l'ICOM*, n°3, 2005.

a. La Convention UNIDROIT de 1995 : l'assise juridique des principes éthiques exprimés dans le Code de déontologie de 1986

Le préambule de la Convention UNIDROIT rend « *hommage à l'action accomplie par différents organismes pour protéger les biens culturels, en particulier la Convention de l'UNESCO de 1970 relative au trafic illicite et l'élaboration de codes de conduite dans le secteur privé* ». Ainsi, si la complémentarité de la Convention UNIDROIT avec la Convention de 1970 est rappelée dès le préambule, la mention « *de codes de conduite dans le secteur privé* », fait quant à elle indubitablement référence au Code de déontologie de 1986.

L'adoption de la Convention UNIDROIT en juin 1995, soit moins de dix ans après le Code ICOM, est venue entériner certaines pratiques et principes éthiques contenus dans le Code de déontologie. En effet, précisément au regard de la Convention UNIDROIT, « *le principe de la diligence requise à appliquer lors de l'acquisition* [...] *a considérablement contribué à donner une base légale aux principes du Code de déontologie professionnelle de l'ICOM et a ainsi renforcé la force de ses propres exigences* »[301]. En définitive, « *il est donc clair que la Convention UNIDROIT offre une assise juridique aux principes éthiques exprimés dans le code de déontologie de l'ICOM* »[302].

---

[301] « *The principle of due diligence to be applied at the time of acquisition, which is stressed in the two texts, has helped considerably to provide a legal base to the principles of the ICOM Code of Professional Ethics and therefore reinforced the strength of its own requirements* » (DES PORTES (E.), "Museums and ethics: long history, new developments", *op. cit.*).

[302] PROTT (L.V.), "L'effet positif de la Convention UNIDROIT sur les musées", *op. cit.*

b. L'influence des travaux d'UNIDROIT dans les versions successives du Code de déontologie de 2001 et 2004

Les travaux d'UNIDROIT ont-ils influencé les modifications successives du Code ICOM en 2001, puis 2004 ? La perméabilité du Code ICOM aux travaux d'UNIDROIT est évidente. Il est à ce titre pertinent de constater que certains des experts conviés aux travaux préparatoires de la Convention UNIDROIT l'étaient également aux travaux de révision du Code ICOM initiés entre 2001 et 2004[303], à l'instar de Jean-Yves Marin et Lyndel V. Prott.

L'étude comparative des articles relatifs aux politiques d'acquisitions et à la lutte contre le trafic illicite dans la version de 1986 avec les articles correspondant dans la version intermédiaire de 2001, puis de 2004, permet d'illustrer cela[304]. Les principes éthiques déjà énoncés sommairement dans le document de l'ICOM relatif à l'éthique des acquisitions de 1970, « *enjoignant les musées de contribuer à la diminution du trafic illicite en interdisant l'acquisition d'objets dénués d'une documentation ou*

[303] Ces travaux ont été menés sous l'égide du Comité de l'ICOM pour la déontologie, alors présidé par Geoffrey Lewis. La composition du comité de l'ICOM pour la déontologie (2001-2004) qui a mené les principaux travaux de révision et de restructuration du Code de déontologie est la suivante : Gary Edson (États-Unis), Per Kåks (Suède), Byung-mo Kim (République de Corée), Pascal Makambila (Congo), Jean-Yves Marin (France), Bernice Murphy (Australie), Tereza Scheiner (Brésil), Shaje'a Tshiluila (République démocratique du Congo), Michel Van-Praët (France).

[304] Geoffrey Lewis, Président du comité de l'ICOM pour la déontologie de 1997 à 2004, parle du texte de 2001 comme d'une version intermédiaire. La version du Code de déontologie en vigueur est l'aboutissement de six années de révision (ICOM. *Code de déontologie de l'ICOM pour les musées* [en ligne], *op. cit.*).

d'une provenance fiable »[305], se retrouvent à la deuxième partie du Code ICOM. Si l'état d'esprit du Code ICOM est resté intact, sa révision fut justifiée par l'évolution des pratiques muséales et l'émergence de nouveaux concepts, à l'instar de la conservation préventive et la contribution de l'ICCROM à cet égard[306].

Comme indiqué précédemment, la Convention UNIDROIT est expressément citée dans la septième partie du Code ICOM relative au cadre juridique. Cela revêt une importance majeure, « *en particulier pour les directeurs et le personnel des musées établis dans des pays qui ne sont pas parties à la Convention d'UNIDROIT* » puisque « *même dans ce cas, ils sont toujours tenus de respecter les dispositions pertinentes considérées comme des règles minimales standard de pratique professionnelle* »[307]. Par

---

[305] MURPHY (B.), "Ethique et musées : perspectives d'évolution de l'ICOM", *op. cit.*

[306] Le comité pour la déontologie, pour la définition de concepts nouveaux à intégrer au Code, a approché les entités ayant travaillé sur de tels concepts afin d'en avoir une acception qui soit la plus fidèle à la réalité, prenant alors pour exemple la conservation préventive qui, dans les années 1980, n'existait quasiment pas. C'est l'ICCROM à Rome qui a conçu, théorisé, et mis en pratique la conservation préventive. C'est pourquoi, à la réécriture du Code initiée dès 1998, Jean-Yves Marin s'est adressé à Gaël de Guichen, l'une des grandes figures de l'ICCROM, afin que ce dernier prépare deux articles sur ce concept, comme base de travail du comité en vue de les intégrer au Code (article 2.23 dans la version actuelle du Code de déontologie). A l'image de ce concept, ils ont fait cela à plusieurs reprises pour essayer d'intégrer des concepts dans ce qu'il y avait de plus moderne. Cette démarche inclusive et pragmatique est très intéressante et révélatrice de la nécessité de convoquer des experts dans une pluralité de domaines (MARIN (J.-Y.), ancien directeur du MAH et spécialiste des questions d'éthique muséale, communication personnelle, 23 juin 2021).

[307] « *The above-mentioned provision is of extraordinary importance, particularly for directors and staff of museums established in countries that are not parties to the UNIDROIT Convention. Even in that case,*

ailleurs, au regard de la conduite professionnelle, l'article 1.16 du Code ICOM indique que « *l'autorité de tutelle d'un musée ne doit jamais demander au personnel d'agir de manière pouvant être jugée contraire aux dispositions du Code de déontologie de l'ICOM pour les musées, au droit national ou à tout autre code de déontologie spécifique* ».

B. Une moralisation des musées en tant qu'acteurs du marché de l'art induite par les normes internationales

Le choix de l'année 1970 comme seuil de référence pour une approche éthique des acquisitions muséales dans de nombreux musées ou encore la mention expresse des deux instruments dans le Code ICOM sont autant d'indices qui témoignent de l'appropriation, par nombre de musées, de l'esprit et des principes des conventions UNESCO et UNIDROIT, que leur Etat d'établissement soit partie ou non auxdits instruments, concourant ainsi à « *une modification progressive mais profonde* »[308] des comportements de ces derniers en tant qu'acteurs du marché de l'art (**1**). Parallèlement, l'influence de ces instruments internationaux se ressent également dans la pratique de juges nationaux d'Etats non-parties (**2**).

---

they are still required to respect the relevant provisions considered as minimum standard rules of professional practice » (FRIGO (M.), "The Impact of the UNIDROIT Convention on International Case Law and Practice: An Appraisal", *op. cit.*).

308 SCHNEIDER (M.), "The UNIDROIT Convention on Cultural Property: State of Play and Prospects for the Future", *op. cit.*

1) Les effets de la Convention UNESCO de 1970 et de la Convention UNIDROIT au-delà du nombre de ratifications

a. Le musée et la lutte contre le trafic illicite de biens culturels : l'équilibre d'une base juridique et de principes déontologiques[309]

Comme déjà indiqué, le cadre juridique applicable au musée dépend substantiellement de la législation nationale et internationale en vigueur sur le territoire de son Etat d'établissement et donc de l'attitude de ce dernier à l'égard des instruments internationaux pertinents[310]. Si les musées peuvent à leur niveau se prononcer en faveur d'instruments internationaux, interpeller leur Etat respectif d'établissement et susciter une volonté politique en faveur d'une ratification[311], il n'en demeure pas moins que les Conventions internationales s'adressent aux Etats : seul un Etat peut les signer, les ratifier ou y adhérer. La coexistence des normes juridiques avec des principes déontologiques est dès lors d'une importance cruciale, tandis qu'un effet global de moralisation du comportement des musées est observable et imputable à l'adoption des conventions précitées, indépendamment de la ratification de ces outils par leur Etat d'établissement.

---

309 Le terme anglophone de *cross-fertilization* (littéralement « fertilisation croisée ») est ici particulièrement parlant et approprié.

310 Il est ici fait référence au cadre juridique applicable aux musées publics, soumis aux exigences des conventions internationales signées et ratifiées par les Etats parties.

311 Comme ce fut le cas en Allemagne, lorsque les musées de Berlin ont interpellé le gouvernement au sujet de la Convention UNIDROIT, tel que précédemment évoqué (SCHNEIDER (M.), “The UNIDROIT Convention on Cultural Property: State of Play and Prospects for the Future”, *Uniform Law Review*, *op. cit.*).

b. L'impact de la Convention UNIDROIT dans l'adoption ou la révision de législations nationales et régionales

De la même manière que la Convention de 1970 « *a changé à jamais le paysage éthique du monde des musées* »[312], l'influence de la Convention UNIDROIT ne peut se réduire au seul nombre de ses Etats parties. L'aura de cet instrument se retrouve en effet dans plusieurs législations nationales. A titre d'exemple, cet instrument a eu un impact dans l'élaboration normative de la Suisse, de l'Allemagne, ou encore des Pays-Bas, bien que non-parties à la Convention UNIDROIT[313]. En témoigne l'expérience de la Suisse, où la loi fédérale sur le transfert international des biens culturels de 2003 (LTBC, entrée en vigueur en juin 2005) qui intéresse la mise en œuvre de la Convention de 1970 dans le droit suisse, et pour laquelle l'influence de la Convention UNIDROIT se ressent. Les autorités néerlandaises quant à elles ont fondé « *la mise en œuvre de la Convention UNESCO en partie sur 'les bons éléments' de la Convention UNIDROIT* »[314].

En excluant l'acquisition de bonne foi, l'article 3 de la Convention UNIDROIT pose un principe considéré au-delà des seuls Etats parties à la Convention. Par ailleurs, de manière plus spécifique aux musées, les développements

---

312 BRODIE (N.), DOOLE (J.), WATSON (P.), "Stealing History: the illicit trade in cultural material", *McDonald Institute for Archeological Research*, Cambridge, 2000, p. 9, cité dans : J. O'KEEFE (P.), *Commentary on the 1970 UNESCO Convention. Second Edition*, *op. cit.*, p. 156.

313 UCAP. *Influence in States not Party: the Legislation* [en ligne], URL : https://1995unidroitcap.org/influence-legislation/ [page consultée le 22/08/2021].

314 FRIGO (M.), "The Impact of the UNIDROIT Convention on International Case Law and Practice: An Appraisal", *op. cit.*

positifs induits par la Convention UNIDROIT dans leurs pratiques sont pluriels, notamment en matière de réévaluation du statut des objets au sein des collections et, dans certains cas, de retour de ces objets dans leurs pays d'origine[315]. Ainsi, « *bien au-delà du nombre de ratifications par les Etats, la Convention UNIDROIT joue un rôle remarquable en orientant l'élaboration de principes applicables dans la pratique internationale de la restitution et du retour des biens culturels* »[316].

Au niveau régional, l'influence et l'apport de la Convention UNIDROIT sont visibles dans le texte de la directive 2014/60/UE de l'Union européenne relative à la restitution de biens culturels ayant quitté illégalement le territoire d'un Etat membre[317]. Au titre du §16 de son préambule, il est notamment indiqué que « *le Conseil a recommandé aux États membres d'envisager la ratification de la Convention de 1970 et de la Convention UNIDROIT* ». Des mouvements de convergence entre ce

---

[315] « [...] *positive developments in the practices of museums and States regarding re-evaluation of the status of objects in collections and, in some cases, return of those objects to their countries of origin* » (PROTT (L.V.), *Commentary on the 1995 UNIDROIT Convention. Second Edition*, *op. cit.*).

[316] « *Well beyond the number of the ratifications by States, the UNIDROIT Convention is playing a remarkable role in orienting the development of principles applicable in the international practice of restitution and return of cultural property* » (FRIGO (M.), "The Impact of the UNIDROIT Convention on International Case Law and Practice: An Appraisal", *op. cit.*).

[317] PROTT (L.V.), *Commentary on the 1995 UNIDROIT Convention. Second Edition*, Builth Wells, Institute of Art and Law and authors, 2021. Il s'agit de la Directive 2014/60/UE du Parlement européen et du Conseil du 15 mai 2014 relative à la restitution de biens culturels ayant quitté illicitement le territoire d'un Etat membre et modifiant le règlement (UE) n°1024/2012 (refonte).

texte et la Convention UNIDROIT sont perceptibles[318], alors même que la directive originelle de 1993 (Directive 93/7/CEE du Conseil, du 15 mars 1993, relative à la restitution de biens culturels ayant quitté illicitement le territoire d'un Etat membre) était déjà largement influencée par les discussions préparatoires de la Convention UNIDROIT[319] : « *ce mouvement est clair avec l'introduction de l'obligation de diligence raisonnable* »[320].

2) L'influence des Conventions UNESCO de 1970 et UNIDROIT dans la pratique de juges nationaux d'Etats non-parties

La convocation de principes contenus dans la Convention de 1970 et la Convention UNIDROIT dans la pratique juridictionnelle d'Etats non-parties à ces instruments revêt une importance cruciale dans le développement d'une jurisprudence pertinente en matière de lutte contre le trafic illicite de biens culturels (**a**). L'étude de cas d'un litige impliquant un musée dépossédé et un acquéreur de bonne foi n'est ici pas sans intérêt (**b**).

---

318 « *We can observe movements of convergence between this text and the instruments of international law, particularly the 1995 UNIDROIT Convention. This movement is clear with the introduction of the obligation of due diligence* » (CORNU (M.), "Recasting restitution: interactions between EU and international law", *Uniform Law Review*, vol. 20, 2015, pp. 637-646).

319 VAQUIER (H.), *L'influence de la Convention d'UNIDROIT sur les droits européens. Analyse des droits français, britannique et suisse*, Mémoire de stage, École du Louvre, 2019.

320 *Idem*. L'influence de l'article 4 (4) de la Convention UNIDROIT dans la rédaction de l'article 10 §2 de la directive 2014/60/UE est indéniable.

a. L'expression d'un ordre public international en vigueur ou en formation

Bien que les principaux acteurs du marché de l'art n'aient pas ratifié la Convention UNIDROIT, celle-ci est susceptible d'avoir des impacts indirects significatifs, notamment dans des décisions judiciaires[321] « *où le raisonnement des cours et tribunaux, bien que n'étant pas tenus d'appliquer les règles prévues par la Convention* (UNIDROIT), *se réfère expressément, ou déclare s'être inspiré, de ses principes les plus significatifs* »[322].

A titre d'exemple, le Royaume-Uni, les Etats-Unis et la Suisse (Etats clés du marché de l'art) n'ont à ce jour pas ratifié la Convention UNIDROIT. Néanmoins, l'idée de diligence requise semble plus forte que les oppositions et réticences politiques de leur gouvernement respectif à l'encontre de cet instrument. Ainsi, les juges nationaux se sont approprié ce concept de diligence requise dans l'appréciation de la bonne foi[323].

Dans l'arrêt du 1er avril 1997, *L. contre Chambre d'accusation de Genève* relatif au vol d'un tableau dans un château français, « *le Tribunal fédéral a constaté que le possesseur n'avait pas apporté la preuve suffisante d'avoir pris toutes les précautions nécessaires avant d'acheter le*

---

[321] À l'instar de : Arrêt du Tribunal fédéral du 1er avril 1997, *L. contre Chambre d'accusation de Genève,* ATF 123 II, 134 ; Arrêt du Tribunal fédéral du 8 avril 2005, *Union de l'Inde contre Crédit Agricole Indosuez SA*, ATF 131 III 418.

[322] FRIGO (M.), "The Impact of the UNIDROIT Convention on International Case Law and Practice: An Appraisal", *op. cit.*

[323] Les juges apprécient donc le comportement et la qualité de la personne au moment de l'achat litigieux.

tableau »[324], tout en se référant à la Convention de 1970 et à la Convention UNIDROIT[325]. Le Tribunal a également souligné que « *ces normes, qui relèvent d'une commune inspiration, constituent autant d'expressions d'un ordre public international en vigueur ou en formation* » [326], ce qui sera repris dans l'arrêt du Tribunal fédéral du 8 avril 2005, *Union de l'Inde contre Crédit Agricole Indosuez SA*[327].

Les décisions judiciaires évoquées ci-dessus ont été rendues par des juridictions d'Etats non-parties à la Convention UNIDROIT, « *mais cela ne les a pas empêchés de se référer à ses règles comme principes sous-jacents communs ou règles d'un 'ordre public international' contenues dans la Convention en tant qu'expression d'une acceptation internationale partagée des nouvelles normes internationales* »[328]. Ainsi, la pratique juridictionnelle est également susceptible de conforter, ou du moins d'orienter, une pratique internationale et l'application diffuse de principes éthiques contenus dans des conventions

---

324 FRIGO (M.), "The Impact of the UNIDROIT Convention on International Case Law and Practice: An Appraisal", *op. cit.*

325 *Idem.*

326 Arrêt du Tribunal fédéral du 1er avril 1997, *L. contre Chambre d'accusation de Genève,* ATF 123 II, 134.

327 Centre du droit de l'art Université de Genève. Plateforme ArThémis. *Affaire Pièces d'or géantes – Inde contre Crédit Agricole Indosuez SA* [en ligne], 2012, URL : https://bit.ly/3RADDQR [page consultée le 23/08/2021] ; Arrêt du Tribunal fédéral du 8 avril 2005, *Union de l'Inde contre Crédit Agricole Indosuez SA*, ATF 131 III 418.

328 « *The above judicial decisions were rendered by jurisdictions belonging to States that are not parties to the UNIDROIT Convention, but this did not prevent them from referring to its rules as 'common underlying principles' or 'rules of an international ordre public' contained in the Convention as an expression of a shared 'international acceptance' of new international norms* » (FRIGO (M.), "The Impact of the UNIDROIT Convention on International Case Law and Practice: An Appraisal", *op. cit.*).

auxquelles ne sont pas parties les Etats en question. La convocation de certains principes contenus dans ces instruments dans la pratique juridictionnelle revêt une importance cruciale dans le développement d'une jurisprudence pertinente en la matière et, en l'espèce, le renforcement de la crédibilité des processus de retour et restitution.

b. Le cas d'un musée dépossédé : l'affaire Chagall Gouache – Solomon R. Guggenheim Foundation and Lubell (1991)

L'étude de cette affaire est pertinente en l'espèce en ce qu'elle concerne un musée. Un bref rappel des faits s'impose. Au milieu des années 1960, un rare tableau de Marc Chagall est volé au Solomon R. Guggenheim Museum (New York, Etats-Unis) (ci-après le « Musée »). Quelques années plus tard, en 1967, Rachel Lubell fait l'acquisition du tableau auprès d'une galerie, par ailleurs connue et réputée (Robert Elkon Gallery). A noter que le Musée n'a pas alerté les autorités compétentes ou contacté des organisations disposant d'un registre d'œuvres d'art volées, lorsqu'il s'est rendu compte du vol. Il est clair que l'omission du Musée de signaler le vol a facilité l'entrée du tableau sur le marché de l'art. Le Musée a justifié son inaction en affirmant que « *la décision de ne pas signaler la perte aux autorités avait été prise dans la conviction que cela n'aiderait pas à localiser le tableau, mais entraverait au contraire sa récupération* »[329]. En 1985, un ancien

[329] « *It is undisputed, however, that the Guggenheim did not inform other museums, galleries or artistic organizations of the theft, and additionally, did not notify the New York City Police, the FBI, Interpol or any other law enforcement authorities. The museum asserts that this was a tactical decision based upon its belief that to publicize the theft would succeed only in driving the gouache further underground and greatly diminishing the possibility that it would ever be recovered* »

employé du Musée reconnaît le tableau et notifie sa localisation au Musée qui en demande alors sa restitution. Face au refus de Madame Lubell, le Musée intente une action en justice pour demander la restitution du tableau ou, à titre subsidiaire, de sa juste valeur marchande (200.000 dollars). En 1987, la juridiction de première instance (*Trial Court*) donne raison à Rachel Lubell, considérant que « *en omettant de signaler le vol ou de prendre d'autres mesures appropriées pour retrouver et récupérer le tableau, le Guggenheim n'avait pas été suffisamment diligent en droit* ». Appel fut formé de ce jugement. En 1990, la Cour d'appel (*Appellate Division*) a alors infirmé le jugement de première instance, considérant, entre autres, que « *le tribunal de première instance avait commis une erreur en imposant une obligation de diligence raisonnable au musée* ». Cela fut à nouveau confirmé par la Cour d'appel de l'Etat de New York (*New York State Court of Appeals*), qui a renvoyé l'affaire devant la juridiction de première instance. La Cour d'appel a estimé que la charge de la preuve pour démontrer que le tableau n'avait pas été volé incombait à l'acquéreur Rachel Lubell, et non au dépossédé, le Musée. Selon la Cour, « *imposer la charge de localiser les œuvres d'art volées sur le véritable propriétaire et interdire à ce propriétaire le droit de récupérer sa propriété si la charge n'est pas remplie encouragerait, selon nous, le trafic illicite d'œuvres d'art volées* »[330], tandis qu'elle indiquait : « *ce transfert de la charge sur le propriétaire lésé est inapproprié* [...] *la meilleure règle donne au propriétaire une protection relativement plus grande et*

(Leagle. *GUGGENHEIM FOUND. v. LUBELL* [en ligne], URL : https://www.leagle.com/decision/199138877ny2d3111361 [page consultée le 22/08/2021]).

[330] « *To place the burden of locating stolen artwork on the true owner and to foreclose the rights of that owner to recover its property if the burden is not met would, we believe, encourage illicit trafficking in stolen art* » (*Idem*).

place le fardeau d'enquêter sur la provenance d'une œuvre d'art sur l'acheteur potentiel ». Le litige s'est finalement résolu en 1993, par un accord trouvé entre les parties, hors des instances judiciaires[331].

La coexistence de principes éthiques et de normes juridiques débouche sur « *un ensemble de règles qui se complètent et visent à créer une réglementation complète, sinon homogène* »[332]. Les musées endossent un rôle majeur dans la lutte contre le trafic illicite de biens culturels et doivent formuler des réponses adaptées aux enjeux qui l'entourent. Ainsi, en appui de principes éthiques établis et au-delà du seul cadre législatif national et international qui lui est applicable en raison de son Etat d'établissement, le musée se doit d'être force de proposition et de se saisir effectivement de la question du trafic illicite de biens culturels.

---

[331] Mme Lubell a ainsi pu conserver la propriété du tableau tout en indemnisant financièrement le musée de sa perte (Centre du droit de l'art Université de Genève. Plateforme ArThémis. *Affaire Gouache de Chagall – Solomon R. Guggenheim Foundation et Lubell* [en ligne], URL : https://bit.ly/3RG5C1k [page consultée le 20/08/2021]).

[332] « [...] *particularly in the field of art law, ethical standards may be much more detailed and even stricter than legal standards. Thus, the two standards provide a set of rules that complement one another and aim to create a complete, if not homogeneous, regulation* » (FRIGO (M.), "Ethical Rules and Codes of Honor Related to Museum Activities: A Complementary Support to the Private International Law Approach Concerning the Circulation of Cultural Property", *op. cit.*).

PARTIE II

LE MUSÉE, FORCE DE PROPOSITION DANS LA LUTTE CONTRE LE TRAFIC ILLICITE DE BIENS CULTURELS

En quoi le questionnement sur la légitimité des collections muséales participe-t-il de la lutte contre le trafic illicite de biens culturels ? Le musée doit-il agir en catalyseur des retours et restitutions, à la suite de l'examen de ses collections ? Par ailleurs, le fait de repenser la propriété au sein des institutions muséales est-il susceptible de perturber, ou du moins d'altérer, les comportements des acteurs du marché illicite de biens culturels, en ce que cela conduirait à exclure progressivement le musée de la chaîne du trafic[333] ? La présente partie tâchera de répondre à ces interrogations, tout en donnant des pistes de réflexions quant à « *la construction du paysage muséal de demain* »[334].

---

[333] Exclure progressivement le musée de la chaîne du trafic ou, tout au moins, à réduire la perception qu'ont les trafiquants du musée, considéré comme un potentiel acquéreur de biens issus du trafic illicite. Le musée est en effet souvent envisagé par les trafiquants comme le destinataire final souhaité, du fait de sa grande capacité économique généralement admise. Reconsidérer l'acquisition d'objets particulièrement exposés au trafic illicite de biens culturels (en la rendant plus rare, plus exceptionnelle) aurait ainsi un impact sur les stratégies des trafiquants et sur la chaîne du trafic illicite de biens culturels.

[334] MARIN (J.-Y.), "Restitutions : construire le paysage muséal de demain", *Le Journal des Arts*, 28 juin 2018.

Davantage axée sur la réalité des pratiques muséales, cette partie sera agrémentée d'exemples et d'initiatives propres, parfois inédites, de musées pleinement saisis de la problématique du trafic illicite de biens culturels. Après avoir étudié les outils à la disposition des musées pour lutter contre le trafic illicite, il s'agira d'évaluer les réponses des musées face au trafic illicite de biens culturels, leur attitude quant à la multiplication des demandes de retour et restitution et leur résilience au regard des défis qui s'imposent à la communauté muséale, au fil de l'évolution du rôle et des missions du musée.

L'introspection croissante et le questionnement sur la légitimité et la cohérence des collections muséales contribuent amplement à la lutte contre le trafic illicite de biens culturels (**Section 1**), tandis que le musée se doit de favoriser les processus de retour et de restitution de biens culturels volés ou illicitement exportés, afin d'en appuyer la crédibilité et d'enrayer l'impunité de ces actes, alors même que ces problématiques sont perçues de manière croissante comme étant « *indissociables de celle du trafic illicite* »[335] (**Section 2**).

---

[335] SAVOY (B.), SARR (F.), *Rapport sur la restitution du patrimoine culturel africain. Vers une nouvelle éthique relationnelle*, n°2018-26.

SECTION 1 : L'introspection croissante des musées quant à la légitimité et la cohérence de leurs collections

« *Le musée doit être au-dessus de tout soupçon* »[336]: c'est dans cet ordre d'idée qu'il doit procéder à une évaluation de la légitimité de ses collections. A l'issue de ce devoir de rétrospection et d'introspection au regard de ses collections, il doit être à même d'envisager des transferts ou restitutions de biens, si leur légitimité quant à la localisation du bien n'était pas établie. Plusieurs voix s'accordent en effet pour avancer que le grand débat de la décennie à venir porterait sur la propriété et la légitimité des collections détenues par les musées[337]. La question de la légitimité de la localisation du bien est en effet cruciale et ne peut être ignorée par les musées[338]. Il s'agit pour ces derniers d'ouvrir « la boîte de Pandore », de s'emparer du problème de la légitimité de leurs collections dans une optique d'intégrité et de transparence, eu égard à la persistance et à la croissance du trafic illicite de biens culturels. Si le statut des collections peut se trouver fragilisé par une telle démarche, celle-ci est pourtant le préalable à des collections solides, cohérentes et légitimes, en accord avec les missions initiales du musée et de son rôle vis-à-vis de la société et du public.

---

[336] MARIN (J.-Y.), "Les musées sont-ils des prédateurs ?", *La Croix*, 16 novembre 2006.

[337] MARIN (J.-Y.), "Du musée prédateur au musée normatif, retrouver la cohérence des collections", Colloque international, *Quel avenir pour les œuvres orphelines ?*, 4-5 février 2021, Genève.

[338] Art Team Media. *Corinne Hershkovitch : Localisation, restitution des biens culturels : identités et enjeux de pouvoir* [vidéo en ligne]. *Youtube*, 16 avril 2020, visionnée le 5/02/2021.

La politique de gestion des collections, dont certains aspects de l'élaboration procèdent d'une auto-régulation du musée, est une composante incontournable de la lutte contre le trafic illicite de biens culturels (**§1**), tandis que le fait de repenser la propriété des collections muséales et de considérer des alternatives à la propriété est susceptible, à terme, d'impacter les schémas opérationnels des acteurs du trafic (**§2**).

§1 Les efforts d'ajustement de la politique de gestion des collections aux enjeux de la lutte contre le trafic illicite de biens culturels

La gestion des collections consiste dans le traitement et la préservation des collections, ce qui inclut plus précisément des activités de conservation des collections, leur accès et usage, l'inventaire et la tenue de registre(s), ainsi que « *l'administration de la composition des collections selon la mission et les objectifs du musée* »[339]. Une mauvaise gestion des collections ou l'absence de politique de collection caractérisée et précise peut s'avérer catastrophique et exposer le musée à des vols ou à des acquisitions douteuses. Aussi les musées doivent-ils être force de proposition et s'approprier les lignes directrices qu'ils doivent formuler quant à la gestion de leurs collections. Comme cela a été souligné dans la partie précédente, les politiques d'acquisition muséales ont progressivement été unifiées et « moralisées », selon le triptyque salutaire normes, principes, pratiques[340].

En parallèle de la rigueur et de la conduite irréprochable que le musée se doit de mener en matière

---

[339] ICOM. *Code de déontologie de l'ICOM pour les musées*, 2004.
[340] Les pratiques étant nécessairement imprégnées des normes et des principes établis.

d'acquisition, une introspection *a posteriori* de ses collections et réserves s'avère également cruciale. Le travail continu de recherche et de documentation des collections renforce la lutte contre le trafic illicite de biens culturels (**A**), tandis que la sensibilisation du public aux problématiques de provenance et méfaits du trafic illicite de biens culturels est primordiale et constitutive de la mission d'éducation qui incombe au musée vis-à-vis du public (**B**).

A. Le travail continu de recherche et de documentation des collections : une composante incontournable de la lutte contre le trafic illicite de biens culturels

La faculté du musée à questionner ses collections est au cœur de la lutte contre le trafic illicite de biens culturels (**1**), tandis que l'initiative de certaines institutions muséales de rendre public ce travail scientifique contribue à la sécurisation des collections (**2**).

1) La faculté du musée à questionner ses collections

a. La recherche de provenance : un axe prioritaire des musées

Aux termes du Code ICOM (qui reflète le point de vue des musées et des professionnels de musée)[341], la

---

[341] Cette précision est particulièrement importante dans la mesure où la définition de la provenance telle qu'élaborée par l'ICOM diffère de celle retenue par les antiquaires qui en font une autre acception. A titre d'exemple, le document présentant les règles et le cadre déontologique du métier d'antiquaire élaboré par le Syndicat national des antiquaires (SNA) intitulé « Règles de la profession d'antiquaire et négociant en œuvres d'art originales », ne définit pas le terme de « provenance ». Aux termes des Conditions de l'achat (II) énoncées dans le Titre premier (« Rapports avec les vendeurs ») : « *L'antiquaire ou le négociant en œuvres d'art originales* […] *est tenu de s'assurer de*

provenance correspond à « *l'historique complet d'un objet, y compris de ses droits de propriété, depuis le moment de sa découverte (ou de sa création), qui permet d'en déterminer l'authenticité et sa propriété* »[342]. Le parcours des œuvres est en effet fondamental pour appuyer ou infirmer la légitimité de la localisation du bien (l'exercice délicat qui consiste à « *rembobiner le fil du parcours d'un objet* »[343]).

La recherche de provenance s'impose désormais comme un axe prioritaire des musées (particulièrement depuis la publication du rapport Sarr-Savoy en ce qui concerne les musées français[344]). Si la recherche de provenance est un préalable à toute acquisition (sans quoi elle ne peut aboutir, en application du cadre juridique et/ou éthique en vigueur), il est également important que le musée procède à un état des lieux de ses collections afin d'identifier les biens problématiques faisant état d'une provenance incomplète et/ou douteuse. Cette recherche de documentation et de provenance sur les collections actuelles participe d'un processus d'introspection du musée à l'égard de ses collections. A cet égard, il est intéressant de signifier la création de poste(s) spécifiquement dédié(s) à l'étude des collections et à la recherche de provenance, à l'instar du Musée du Quai Branly, depuis janvier 2021, et

---

l'origine des objets ou œuvres achetés, ainsi que de l'identité de leur propriétaire ou de leur vendeur ». Or, l'origine de l'objet acquis et l'identité du vendeur sont des éléments constitutifs de l'historique d'un objet, soit de sa *provenance* au sens adopté par la communauté muséale mondiale.

342 UNESCO. *Comment gérer un musée : manuel pratique*, 2006.

343 AZIMI (R.), "Recherche de provenance : le chantier colossal des œuvres d'Afrique", *Le Quotidien de l'Art,* Édition n°2164, 6 mai 2021.

344 SAVOY (B.), SARR (F.), *Rapport sur la restitution du patrimoine culturel africain. Vers une nouvelle éthique relationnelle*, *op. cit.*

du *British Museum*, depuis février 2021[345], preuve que cette question apparaît dorénavant dans l'organigramme et dans la structure organisationnelle des musées.

Également à l'initiative du *British Museum*, le lancement en avril 2018 de la plateforme *The Circulating Artefacts platform* (CircArt), vouée à enrayer le pillage et trafic illicite de biens archéologiques (avec un focus particulier sur les biens en provenance d'Egypte et du Soudan)[346]. Cet outil place le marché international de l'art sous la surveillance d'experts, permet de procéder à une recherche de provenance (les traits et les modèles de diagnostic facilitent la détection et la récupération d'antiquités issues de fouilles illégales) et fournit un service où les utilisateurs enregistrés (e.g. des musées) peuvent soumettre des objets pour obtenir des conseils d'experts sur des questions de provenance et d'authenticité (ce service est ouvert à tous et constitue un nouveau référentiel en matière de diligence requise pour tout acquéreur, dont les musées)[347]. Cette réalisation est un exemple remarquable d'initiative muséale vouée à mettre en échec le trafic illicite de biens culturels.

---

[345] AZIMI (R.), "Recherche de provenance : le chantier colossal des œuvres d'Afrique", *Le Quotidien de l'Art, op. cit.* et BAILEY (M.), "British Museum hires curator to research history of its collection, also covering contested objects such as the Parthenon Marbles", *The Art Newspaper*, 15 janvier 2021. A noter que ces deux musées font face à un nombre croissant de réclamations pour des objets contestés se trouvant dans leurs collections.

[346] MARÉE (M.), "The Circulating Artefacts platform (CircArt) as a tool for provenance research", Colloque international, *Quel avenir pour les œuvres orphelines ?*, 4-5 février 2021, Genève.

[347] British Museum. *Circulating Artefacts* [en ligne], 2018, URL : https://www.britishmuseum.org/our-work/departments/egypt-and-sudan/circulating-artefacts [page consultée le 04/02/2021].

b. L'exemple du Musée d'Art et d'Histoire de Genève

L'identification des biens problématiques au sein des collections et la recherche de provenance s'imposent de plus en plus comme l'un des axes prioritaires du musée. A ce titre, l'expérience du Musée d'art et d'histoire de Genève (ci-après « MAH ») est pertinente, au vu des initiatives marquantes qu'il a entreprises depuis des décennies à l'encontre du trafic illicite de biens culturels et en faveur de la protection du patrimoine entendu comme bien commun de l'humanité, mais aussi en raison des principes déontologiques qu'il s'est imposés depuis plusieurs années. Plus précisément, le MAH a, dès 2009, effectué un état des lieux de ses collections afin d'identifier les objets problématiques. Par ce travail d'inventaire et de recherches de traçabilité, il était dès lors possible de donner à des œuvres une légitimité au sein de la collection ou, à défaut, de proposer un transfert[348], le but étant alors de « sortir » du musée tout objet à la provenance contestée ou contestable[349]. Cette démarche vit le jour en même temps que la création d'un comité de déontologie pour les musées de la ville de Genève, dont la mission consiste à « *étudier et évaluer les modes d'acquisition passés et présents des musées genevois et de proposer, si nécessaire, des restitutions ou des coopérations* »[350]. Dans ce contexte, l'équipe d'archéologues du MAH a ainsi repris l'étude de tous les objets qui posaient problème, notamment des

---

348 MARIN (J.-Y.), "Du musée prédateur au musée normatif, retrouver la cohérence des collections", Colloque international, *Quel avenir pour les œuvres orphelines ?*, 4-5 février 2021, Genève.

349 MARIN (J.-Y.), ancien directeur du MAH et spécialiste des questions d'éthique muséale, communication personnelle, 23 juin 2021.

350 MAROZEAU (M.), "Question d'éthique. Les principes déontologiques au cœur des pratiques du Musée d'art et d'histoire", *Blog MAH Genève*, 7 juin 2016.

pièces archéologiques d'origine illicite. Un certain nombre de dossiers ont ensuite été soumis au comité de déontologie[351], tandis que certains de ces objets ont été « *restitués à leurs donateurs en l'absence de demande de restitution des pays d'origine* »[352]. Cette démarche a donc donné lieu à des mouvements ultérieurs d'œuvres au sein de la collection du musée.

La politique d'acquisition des musées et institutions patrimoniales de la ville de Genève présentée au Conseil administratif de la ville en mai 2014 et entrée en vigueur en septembre 2015[353] est également un document intéressant qui s'inscrit dans le cadre d'une démarche volontaire[354]. Il y est indiqué, au titre des normes de référence communes à l'ensemble des collections sur les processus d'acquisition, que « *la Ville de Genève se donne pour objectif d'appliquer, pour ses musées et ses institutions patrimoniales, les standards internationaux en matière de conservation, de valorisation et d'acquisition des collections (...) même*

---

[351] MARIN (J.-Y.), ancien directeur du MAH et spécialiste des questions d'éthique muséale, communication personnelle, 23 juin 2021.

[352] MAROZEAU (M.), "Question d'éthique. Les principes déontologiques au cœur des pratiques du Musée d'art et d'histoire", *op. cit.*

[353] Cette politique est entrée en vigueur après validation des compétences financières accordées respectivement au conseiller administratif en charge de la culture et aux directeurs et directrices des institutions patrimoniales de la ville de Genève (GRESSOT (N.), Chargée de projet de l'unité projets transversaux du Département de la culture et de la transition numérique de la ville de Genève, communication personnelle, 27 octobre 2022).

[354] Pour rappel, la Convention de 1970 a été approuvée par l'Assemblée fédérale le 12 juin 2003, tandis que la Suisse a déposé son instrument de ratification de la Convention de 1970 le 3 octobre 2003, pour une entrée en vigueur de la Convention pour la Suisse le 3 janvier 2004. La loi fédérale sur le transfert international des biens culturels du 20 juin 2003 (LTBC) qui met en œuvre la Convention de 1970 est entrée en vigueur le 1er juin 2005.

lorsque ces standards ne lui sont pas, juridiquement ou institutionnellement, directement opposables, elle en applique les préceptes »[355]. Le document poursuit en indiquant que « *les institutions muséales et patrimoniales exercent une vigilance accrue sur l'origine des biens culturels acquis avant l'entrée en vigueur de la LTBC, le 1er juin 2005, et depuis 1970, année d'adoption de la Convention UNESCO de 1970* »[356]. La politique d'acquisition s'appuie également sur le Code ICOM, en ce qu'elle est élaborée en référence à l'article 2.1 dudit code : « *cet article, relatif à la Politique en matière de collections, dispose que dans chaque musée, l'autorité de tutelle doit adopter et publier une charte concernant l'acquisition, la protection et l'utilisation des collections* »[357]. Par ailleurs, la politique d'acquisition adopte la définition du musée, de la provenance et de l'obligation de diligence telles que qu'élaborées par l'ICOM et contenues dans le Code ICOM. A noter que ce document a été mis à jour suite à l'adoption d'une nouvelle directive municipale sur les dons et legs et

---

[355] « *La Ville de Genève développe la politique d'acquisition de ses institutions en accord avec les principes fixés par la Convention de 1970 (…) À ce titre, la Ville de Genève, à travers ses musées et ses institutions patrimoniales, veille à ne pas acquérir de biens culturels dont l'origine ou la provenance, ainsi que l'authenticité ne seraient pas garanties. Afin de prendre toutes les garanties possibles en matière d'origine ou de provenance des biens culturels, la Ville de Genève agit, notamment, en adéquation avec la loi fédérale sur le transfert international des biens culturels du 20 juin 2003 (LTBC) qui met en œuvre la Convention de 1970 et avec les accords bilatéraux prévus à l'article 7 de la LTBC et conclus par le Conseil fédéral en application ou en référence à la Convention UNESCO de 1970* » (Ville de Genève - Département de la Culture et du Sport. *Politique d'acquisition des musées et institutions patrimoniales de la Ville de Genève*, 2014).

[356] *Idem.*

[357] *Idem.*

à une nouvelle modification des seuils de compétence financière[358].

2) La publication des collections par le musée : gage de transparence et de sécurité

a. Le développement des bases de données des collections muséales

La prévention des vols par la sécurisation des collections est primordiale. Comme déjà développé précédemment, la pratique des inventaires et de la documentation des biens des musées sont à la base de la lutte contre le trafic illicite. Parallèlement, de plus en plus de musées prennent l'initiative de publier leurs collections en ligne, les rendant accessibles au public, en accord avec l'une des missions essentielles du musée. Il convient de citer à cet égard le musée du Prado à Madrid, la *National Gallery* de Londres, le *British Museum*, le *Metropolitan Museum* de New York, le *Rijksmuseum* à Amsterdam, le Musée de l'Ermitage de Saint-Pétersbourg, ou encore le Musée d'Orsay ou du Quai Branly[359]. Plus récemment, en mars 2021, le musée du Louvre a mis en ligne les 480.000 œuvres de ses collections et de celles du musée national Eugène-

---

[358] A l'occasion de cette mise à jour, d'entente avec ses musées, la ville de Genève a décidé de ne conserver de la politique d'acquisition susmentionnée uniquement le cadre de référence et les orientations générales posées par Vincent Négri, et de ne plus y annexer les politiques d'acquisition spécifique de chaque institution (GRESSOT (N.), Chargée de projet de l'unité projets transversaux du Département de la culture et de la transition numérique de la ville de Genève, communication personnelle, 27 octobre 2022).

[359] RYKNER (D.), "La nouvelle base de données des œuvres du Louvre", *La Tribune de l'Art*, 28 mars 2021.

Delacroix[360]: chaque objet référencé est accompagné d'une photo et d'un appareil scientifique comprenant le numéro d'inventaire et la collection, une description (dénomination / titre, description), des caractéristiques matérielles (dimensions, matière et technique), les lieux et dates de création / fabrication et découverte, des données historiques (détenteur précédent / commanditaire / dédicataire, mode d'acquisition, propriétaire, affectataire), la localisation de l'œuvre (emplacement actuel : à savoir s'il est exposé ou non) et un index. Certains objets sont également accompagnés d'une bibliographie et d'une liste d'expositions.

Ces démarches sont essentielles et remarquables : elles combinent visibilité et transparence, comme moyens d'assurer l'intégrité de la collection et d'en assurer la protection, car plus un bien est visible, plus il est protégé. C'est une vision également partagée par la Fondation Gandur pour l'Art (membre ICOM), qui dispose d'une base de données référençant tous les objets de ses collections, accessible sur le site internet de la Fondation et de l'Association des Musées Suisses (AMS), dont elle est membre depuis 2019. Une campagne photographique est organisée tous les six mois afin d'ajouter les dernières acquisitions de la Fondation, très active en matière d'acquisitions. De manière similaire aux musées précités, l'appareil scientifique accompagnant les visuels des objets comprend la provenance, la bibliographie et les expositions[361].

---

[360] Louvre. *Base de données des collections* [en ligne], URL : https://collections.louvre.fr [page consultée le 28/08/2021].

[361] De manière générale, la politique de gestion des collections telle que menée par la Fondation Gandur pour l'Art est calquée sur le modèle d'un musée (TASSIGNON (I.), Archéologue de terrain et conservatrice des collections d'archéologie et d'ethnologie, Fondation Gandur pour l'Art, communication personnelle, 22 juin 2021).

b. La recherche de provenance et la visibilité des objets comme prélude à d'ultérieures restitutions

Autre aspect intéressant au regard du musée du Louvre : l'une des sept catégories des œuvres référencées dans la base de données s'intitule « Musées nationaux de récupération » et réunit les œuvres spoliées pendant la Seconde Guerre mondiale dont le propriétaire n'a pas encore été retrouvé[362]. Ces biens, confiés à la garde du musée, sont en attente de leur restitution éventuelle à leur propriétaire spolié. Leur publication revêt dès lors une dimension particulière et essentielle, si le bien venait à être reconnu par le propriétaire lésé ou ses ayants-droit. La recherche de provenance peut en effet donner lieu à des restitutions volontaires et spontanées de la part de musées[363].

B. L'inclusion du public dans la lutte contre le trafic illicite de biens culturels : la mission d'éducation et de sensibilisation auprès du public exercée par le musée

Les musées doivent rester attentifs aux attentes du public quant à leur rôle dans la société. Le musée est une instance qui a vocation à instruire le public. Le devoir de

---

[362] Bien qu'il s'agisse du contexte particulier de la spoliation des juifs par les nazis, cette démarche du musée est intéressante. Le musée du Louvre, avec la nomination, en janvier 2020, de Emmanuelle Polack (historienne de l'art, spécialiste des spoliations d'œuvres par les nazis) à la direction de la recherche et des collections, entend intensifier les recherches sur les biens spoliés entre 1939 et 1945 et ainsi clarifier le statut de certaines acquisitions du Louvre, effectuées entre 1933 et 1945 (PEDRAM (M.), "Les Collections en ligne du Louvre face à ses concurrents", *Le Journal des Arts*, 31 mars 2021).

[363] Cela concerne bien entendu des musées en capacité de prendre de telles décisions. Dans d'autres cas, le musée sera en mesure d'appuyer la demande de restitution auprès des autorités compétentes.

transparence à l'égard du public qui en découle est crucial. De plus, la réputation de l'institution muséale et la confiance du public envers le musée sont des aspects susceptibles d'orienter ce dernier vers une gestion rationnelle et éthique de ses collections et donc d'influer positivement sur la capacité du musée à s'auto-réguler dans le contexte de sa politique de gestion et de l'exécution de ses missions auprès du public[364].

L'inventivité dont font preuve certains musées afin de renforcer le lien entre l'œuvre et le public, de plus en plus attentif et réceptif aux problématiques de provenance, est particulièrement pertinente (**1**), tandis qu'il convient de saluer l'initiative de certaines institutions de présenter des biens issus du trafic illicite, dans une démarche quasiment militante, afin d'éduquer et sensibiliser le public sur les méfaits du trafic illicite de biens culturels (**2**).

1) Lien entre le public et l'œuvre : volonté de transparence et d'innovation

a. Le cartel, un lien direct entre l'œuvre et le public

Les cartels des musées sont souvent sommaires, voire elliptiques. N'y aurait-il pas davantage à faire, pour le musée, au regard de ces objets qui sont le premier lien entre l'œuvre et le public au sein des musées, en termes de sensibilisation auprès du public sur les questions de trafic illicite de biens culturels et de provenance ?

Le cartel désigne « *le court texte* [...] *qui accompagne un expôt en désignant son titre, le pays de production, l'époque, la matière dans lequel il a été réalisé,*

---

364 TAM (S.), "In Museums We Trust: Analyzing the Mission of Museums, Deaccessioning Policies, and the Public Trust", *op. cit.*

ainsi que, parfois, son numéro d'inventaire et une brève description (parfois une explication) de l'objet »[365]. Le cartel est un outil ambigu, « *à la croisée de problématiques tout à la fois muséographiques, scénographiques et de conservation préventive* »[366]. Le cartel se doit toutefois « *d'assurer sa mission d'information avec rigueur* », tout en ne dépassant pas un certain nombre de caractères, ce qui constitue dès lors un exercice périlleux. La sollicitation de technologies numériques, vouées à dématérialiser le support, est alors particulièrement appropriée : « *smartphones et QR codes, encres intelligentes et puces RFID* [Radio Frequency Identification] *font peu à peu leur entrée dans l'arsenal de la médiation d'exposition* [...] *un simple pictogramme, flashé par la caméra d'un téléphone portable, peut désormais donner accès à un contenu sans limite de caractères et riche de tous les médias* »[367].

b. L'initiative du Musée national suisse

Le Musée national suisse de Zurich (qui ne détient que des collections suisses), souhaitant participer de la mouvance autour des questions de provenance et d'éthique et ainsi répondre aux attentes du public, a fait le choix, il y a quelques années, de distribuer à toutes les personnes qui le demandaient (cela était bien signalé à l'accueil) une série de feuilles où était mentionnée la traçabilité de chacune des œuvres présentées dans l'exposition. Il convient toutefois de signaler que la démarche n'a pas rencontré énormément

---

365 Définition issue de DESVALLÉES (A.), MAIRESSE (F.), *Dictionnaire encyclopédique de muséologie*, Paris, Armand Colin, 2011, 722 p. citée dans : MAZEIRAT (B.), "Cartel – le syndrome du majordome : Un texte pour une œuvre", *Blog MAH Genève*, 14 novembre 2013.

366 MAZEIRAT (B.), "Cartel – le syndrome du majordome : Un texte pour une œuvre", *op. cit.*

367 *Idem.*

de difficultés, en ce que tous les objets venaient de Suisse. Une telle initiative à l'échelle du MAH ou du musée du Louvre semble plus difficile à réaliser[368].

2) Le musée « militant » : la présentation au public de biens issus du trafic illicite

a. Le MAH et la présentation de biens issus du trafic illicite : une initiative inédite

En mars 2017, le MAH présentait neuf objets archéologiques issus du trafic illicite de biens culturels saisis par l'Administration fédérale des douanes, puis confisqués, en novembre 2016, par le Ministère public de la République et Canton de Genève[369]. Le 18 novembre 2021, trois de ces biens archéologiques ont été restitués à la Mission permanente de la République arabe syrienne auprès des Nations-Unies[370]. Cette restitution s'est opérée à la suite de la demande de restitution des trois sculptures provenant de Palmyre adressée par la République arabe syrienne au Tribunal d'application des peines et des mesures de la République et Canton de Genève (TAPEM), en septembre 2020[371]. Le TAPEM a rendu une décision de restitution en novembre 2020 qui a ensuite été communiquée au MAH et à la Mission permanente de la République arabe syrienne. Le MAH assure toujours la conservation des six autres biens, dans l'attente qu'ils soient

---

[368] MARIN (J.-Y.), ancien directeur du MAH et spécialiste des questions d'éthique muséale, communication personnelle, 23 juin 2021.
[369] MARIN (J.-Y.), “Patrimoine en danger : neuf objets issus du trafic illicite présentés au MAH”, *Blog MAH Genève*, 14 mars 2017.
[370] MAH. *Communiqué de presse conjoint avec la Mission de la République arabe syrienne. Restitution de biens culturels*, 23 novembre 2021.
[371] *Idem.*

restitués à leur pays d'origine[372]. Jean-Yves Marin, alors directeur du MAH, a préféré le terme de *présentation* à celui d'*exposition* pour éviter tout amalgame sur le dessein de ces objets et la raison de leur présence au sein du musée. Dans ce contexte, il était primordial qu'une distinction claire entre les objets des collections du MAH et ces objets issus du trafic (et n'appartenant donc pas aux collections) soit faite par le musée et clairement admise par le public. Les boîtes dans lesquelles furent saisis les objets furent également exposées, à des fins pédagogiques. Les œuvres sont arrivées de façon illégale à Genève après avoir transité par Doha[373]. La présentation de ces objets, tous d'une grande importance pour l'histoire de leurs pays d'origine (Yémen, Syrie et Libye), fut accompagnée de tout un appareil critique rappelant quelles étaient les lois et la déontologie en matière de lutte contre le trafic illicite de biens culturels, tandis que l'accès à cette présentation était gratuit. Ces objets furent présentés à la presse, lors d'une conférence conviant de nombreux journalistes et médias internationaux[374].

[372] MARIN (J.-Y.), ancien directeur du MAH et spécialiste des questions d'éthique muséale, communication personnelle, 23 juin 2021.
[373] Il semblerait que les trafiquants n'aient pas eu le temps d'effacer les traces des mouvements des œuvres. Ainsi, l'une des boîtes saisies avec les biens portait l'inscription au marqueur « Doha – Genève » (ZANI (L.), "Ginevra e... la battaglia di Cicerone", *Archeologia Viva*, 2017).
[374] Il s'agissait par ailleurs de l'une des trois conférences ayant rassemblé le plus de journalistes, sur une centaine de conférences de presse que Jean-Yves Marin a pu effectuer au cours des dix années qu'il a passées à la direction du MAH (MARIN (J.-Y.), ancien directeur du MAH et spécialiste des questions d'éthique muséale, communication personnelle, 23 juin 2021). Il est également intéressant de signifier à cet égard que la sensibilisation et la formation des journalistes, et plus généralement des médias, à la lutte contre le trafic illicite de biens culturels est un axe de développement plébiscité par le comité subsidiaire de la Réunion des Etats parties à la Convention UNESCO, en atteste la décision 9.SC 10d prise les 27 et 28 mai 2021 : « *Le Comité Subsidiaire ayant examiné le document C70/21/9.SC/10d ; prend note des activités entreprises par le Secrétariat, et l'encourage à poursuivre*

L'impact et l'intérêt des médias dans le relais de ce travail de sauvegarde du patrimoine culturel et de la mémoire est également primordial. Aussi l'objectif de cette initiative était-il d'envoyer un message clair au trafiquant, selon lequel le temps des musées prédateurs et des collections constituées d'œuvres volées est révolu[375].

b. Le musée du Louvre : une présentation permise par la révision du Code du patrimoine

Du 19 mai 2021 au 21 février 2022, le musée du Louvre a accueilli une présentation inédite intitulée « *Sculptures antiques de Libye et de Syrie : lutter contre le trafic illicite des biens culturels* ». Des œuvres saisies en douanes entre 2012 et 2016 encore en cours d'instruction par la Justice ont été rendues visibles au public dans l'enceinte du musée (Département des antiquités étrusques, grecques et romaines du musée). La présentation de ces quatre sculptures et deux bas-reliefs (provenant de Libye et vraisemblablement de Syrie) a été rendue possible par l'article L.111-10 du Code du patrimoine[376]. Organisée par

---

ses efforts de sensibilisation des médias ; prend également note de l'élaboration en cours du Manuel pour les journalistes afin d'impliquer les médias dans la lutte contre le trafic illicite des biens culturels ; demande au Secrétariat et aux Etats parties de continuer à promouvoir dans les médias les événements destinés à sensibiliser, éduquer et promouvoir la lutte contre le trafic illicite des biens culturels et les procédures afférentes de retour et restitution » (UNESCO. *Décisions*, Neuvième session du Comité subsidiaire de la Réunion des Etats parties à la Convention de l'UNESCO concernant les mesures à prendre pour interdire et empêcher l'importation, l'exportation et le transfert de propriété illicites des biens culturels, C70/21/9.SC/Decisions, 2021).

[375] ZANI (L.), "Ginevra e... la battaglia di Cicerone", *Archeologia Viva*, 2017.

[376] « *Les biens culturels saisis en douane en raison de leur sortie illicite d'un Etat non-membre de l'Union européenne peuvent être déposés dans un musée de France en vue de leur conservation et de leur*

Vincent Michel, professeur d'archéologie de l'antiquité classique d'Orient et Ludovic Laugier, conservateur au département des Antiquités grecques étrusques et romaines, avec le soutien de la Justice, du Service des Musées de France (SMF), de la douane française, de l'OCBC, d'INTERPOL et de l'OMD, mais également de la start-up ICONEM et de la fondation ALIPH, cette exposition visait à sensibiliser le public, mais également toutes les parties prenantes impliquées dans la circulation des biens culturels (acheteur, vendeur, institutions, justice, douane, forces de police…). En procédant ainsi, le musée du Louvre s'est fermement et visiblement positionné contre le trafic illicite de biens culturels qui constitue une priorité pour le musée le plus visité au monde. Les œuvres y étaient présentées avec leurs scellés judiciaires frappés de cire, sur un fond rouge voué à rappeler les Listes Rouges ICOM, également accessibles via des QR-codes, assurant ainsi la visée pédagogique de la démarche (la dématérialisation de l'un des supports d'information est particulièrement pertinente en l'espèce)[377].

Ces initiatives, largement relayées par la presse et saluées par l'ICOM ou encore l'UNESCO, confirment le rôle clé des musées dans la sensibilisation du public et illustrent la capacité d'anticipation de certains musées à l'encontre du trafic illicite de biens culturels. Le positionnement assumé du musée dans la lutte contre le trafic illicite de biens culturels s'avère incontournable et s'inscrit plus largement dans la mission première de cette

---

présentation au public pour le temps de la recherche, par les autorités compétentes, de leur propriétaire légitime » (article L.111-10 du Code du patrimoine).

[377] ICOM. *Une Liste rouge 'vivante' : une exposition au Louvre vise à sensibiliser le public à la problématique du trafic international de biens culturels* [en ligne], 2021, URL : https://icom.museum/fr/news/listes-rouges-musees-traffic-illicite/ [page consultée le 7/07/2021].

entité, à savoir la conservation de la mémoire et de l'histoire.

§2 Une coopération croissante et salutaire entre musées

Trop de musées raisonnent encore exclusivement en termes de propriété[378]. Le fait de repenser la propriété au sein des institutions muséales permettrait d'impacter le trafic illicite de biens culturels, puisqu'une reconsidération profonde de l'activité d'acquisition au sein des institutions muséales permettrait, à terme, d'altérer la perception qu'ont les trafiquants à l'égard du musée, généralement envisagé comme destinataire ultime dans la chaîne du trafic.

Il est cependant crucial de souligner la singularité de la propriété des collections publiques muséales : il s'agit d'une propriété publique où prédomine la question de l'accès au public, qui existe pour le compte du public. En effet, « *la propriété publique des collections muséales est une propriété spéciale qui, loin d'un modèle propriétaire exclusif entre les mains de la personne publique, garantit au public l'accès à ce qui constitue une part du patrimoine culturel de la nation* »[379]. Aux termes de la définition du musée de 2007 élaborée par l'ICOM et plus encore de celle nouvellement adoptée par cette même organisation en août 2022, le musée est une institution permanente au service de

---

[378] « […] *too many museums are still thinking in terms of ownership... Museums started out being institutions for the preservation of cultural heritage. We have to get back to that and find some new ways to do it* » (HALLMAN (R.), "Museums and Cultural Property: A Retreat from the Internationalist Approach", *op. cit.*).

[379] En ce sens : « *On entrevoit alors la densité normative de ce que vient percuter l'idée de restitution : celle-ci implique en effet une privation du public dans le territoire du musée* » (NEGRI (V.), "Guerres, conflits et collections. Les musées et l'obligation de restituer des biens culturels", *op. cit.*).

la société, ouverte et accessible au public et qui offre à ce dernier « *des expériences variées d'éducation, de divertissement, de réflexion et de partage de connaissances* ». En ce sens, la propriété publique des collections muséales est nécessairement inhérente à la mission d'intérêt public que poursuit l'institution muséale.

Au vu de la réalité du trafic illicite de biens culturels et du marché international de l'art, l'activité d'acquisition du musée doit nécessairement être questionnée (**A**), tandis que ces réflexions s'accompagnent du développement de dynamiques de coopération entre musées, pour laquelle les prêts et échanges de biens culturels sont l'une des manifestations la plus accessible et éloquente (**B**).

A. La remise en cause de l'activité d'acquisition du musée

Les musées figurent parmi les premiers acheteurs de biens culturels[380]. Toutefois, on assiste depuis plusieurs décennies à une baisse des acquisitions de certaines catégories d'objets qui s'explique selon plusieurs facteurs (**1**), tandis que les réflexions autour de l'activité d'acquisition permettent au musée d'envisager des alternatives à la pleine propriété des collections (**2**).

---

[380] ROBERT (D.), "70 ans : l'apogée tardif de l'ICOM", *op. cit.*

1) Une tendance à la baisse des acquisitions de certaines catégories d'objets

a. Les risques juridiques et éthiques pesant sur le musée dans l'exercice de son activité d'enrichissement des collections

Les musées sont confrontés de manière croissante aux dangers juridiques et éthiques auxquels l'acquisition de certaines catégories d'objets les expose. James Cuno, qui a récemment démissionné de son poste de directeur du J. Paul Getty Trust[381], « *reconnaît l'importance de maintenir les musées dans le commerce de l'acquisition* »[382]. Il convient à cet égard de citer un rapport rédigé par des membres du *McDonald Institute for Archaeological Research* intitué *Stealing History* qui « *rejette la position internationaliste selon laquelle un marché légitime pourrait freiner le marché noir des antiquités* »[383]. Ainsi, si le rapport admet que les musées peuvent avoir besoin du marché dans la réalisation de leurs missions, il met toutefois en garde « *contre les dangers juridiques et éthiques auxquels les musées sont confrontés* »[384].

En effet, le risque réputationnel et consécutivement économique qu'encourt le musée s'il acquiert des objets sans provenance est considérable. La survenance de scandales et la mise en place progressive de politiques d'acquisition plus strictes ont contraint les musées à réduire, ou du moins à réévaluer de manière croissante leur activité

[381] ROUMÉGOU (C.), "James Cuno quitte la direction du J. Paul Getty Trust", *Le Journal des arts*, 8 juillet 2021.
[382] HALLMAN (R.), "Museums and Cultural Property: A Retreat from the Internationalist Approach", *op. cit.*
[383] *Idem.*
[384] *Idem.*

d'acquisition d'antiquités. Si ces observations et réflexions émanent principalement d'un contexte américain, les incidences sur le marché de l'art à une échelle internationale sont indéniables[385] et il n'en demeure pas moins qu'il est désormais « *difficile pour les musées de continuer à acquérir des objets anciens légitimes sur le marché international* »[386].

Le scandale du *Getty Museum* et l'inculpation de l'une de ses conservatrices, Marion True, ancienne responsable du département des antiquités accusée d'avoir acheté des dizaines d'objets volés pour enrichir la collection du musée, ont provoqué un profond changement dans l'activité d'acquisition des musées américains[387]. Parallèlement, le procès du marchand d'art italien Giacomo Medici[388] « *a été d'une importance capitale* [...] *et a permis aux carabiniers et à l'équipe du parquet italien de détecter les liens qui existent parfois entre les musées et le commerce d'antiquités illicite* »[389]. Il s'ensuit que « *les*

---

385 Les Etats-Unis étant un Etat clé du marché, les incidences sur les attitudes d'acquisition des musées dépassent incontestablement les seules frontières américaines.

386 « *The problems in this area of law make it difficult for museums to continue to acquire legitimate ancient artifacts on the international market* » (BELTRAMETTI (S.), "Museums strategies: leasing antiquities", *op. cit.*).

387 Marion True, en aval de son procès devant la justice italienne pour trafic illégal d'objets antiques (la procédure s'est éteinte pour prescription des faits) affirmait au sujet de « l'offensive italienne » que « […] *le but était de terroriser les musées* » (TRUE (M.), "Le but était de terroriser les musées", *Le Journal des arts*, 18 janvier 2011).

388 Marchand d'art italien, il fut condamné en 2009 pour recel de biens volés, exportations illégales et trafic criminel d'antiquités grecques, romaines et étrusques.

389 « […] *the Medici trial was of pivotal importance in uncovering the schemes devised to buy illicitly traded artifacts. It enabled the Carabinieri and the Italian prosecutorial team to detect the connections that sometimes exist between museums and the trade of illicit*

développements se sont transformés en scandales très médiatisés et ont suscité de sérieuses inquiétudes concernant les achats par les musées américains, car l'acquisition de matériel commercialisé illégalement a gravement compromis leur fiabilité, leur objectif de servir le public et leur engagement envers la valeur de l'éducation »[390]. Ainsi, dans l'ensemble, « *ces événements ont eu pour effet de ralentir davantage le marché de l'art des antiquités et de motiver plusieurs des institutions les plus importantes et les plus prestigieuses des Etats-Unis à restituer plusieurs objets importants de leurs collections d'antiquités dont la provenance est douteuse, à leurs pays d'origine respectifs* »[391]. Enfin, il apparaît qu'une communauté muséale qui réduit ses acquisitions au profit des prêts est davantage susceptible d'élever qualitativement le niveau de documentation de ses collections, à procéder à une relecture de ses collections existantes, en ce qu' « *une diminution des acquisitions peut encourager les musées à fournir les ressources indispensables pour les collections existantes* »[392].

---

antiquities » (BELTRAMETTI (S.), "Museums strategies: leasing antiquities", *op. cit.*).

[390] « *These developments turned into highly publicized scandals and raised serious concerns about purchases by U.S. museums, for the acquisition of illicitly traded material severely undermined their trustworthiness, their goal to serve the public, and their commitment to the value of education* » (*Idem*).

[391] « *Altogether, these events had the effect of further slowing down the art market for antiquities and motivating several of the United States' largest and most prestigious institutions to return several significant objects in their antiquities collections with doubtful provenance to their respective source countries* » (*Idem*).

[392] « [...] *a decrease in acquisitions can encourage museums to provide much-needed resources for the existing collections* » (HALLMAN (R.), "Museums and Cultural Property: A Retreat from the Internationalist Approach", *op. cit.*).

b. La corrélation entre une provenance claire et la valorisation de l'œuvre

Une provenance claire est susceptible d'augmenter la valeur de marché du bien. Concernant les antiquités, il est intéressant de constater une hausse importante des prix de ces objets sur le marché, alors même que la question de leur authenticité se pose avec acuité[393]. L'existence d'un pedigree clair et caractérisé permet de valoriser l'œuvre : un lien a été établi entre claire provenance et augmentation de la valeur de marché. Compte tenu de la situation actuelle du marché des antiquités, où les objets de provenance claire sont rares et les prix élevés, le retrait progressif du marché des antiquités de la part des musées procède d'une appréciation et décision rationnelle[394]. En définitive, « *le manque de pouvoir d'achat constitue une grande incitation pour les échanges entre les collections et les programmes de prêt significatifs* »[395]. À noter toutefois les coûts élevés liés aux assurances et au transport des œuvres (notamment) dans le cadre de contrats de prêts.

Par ailleurs, le rapport précité *Stealing History* fait état d'une « *prise de conscience croissante selon laquelle la meilleure voie à suivre pour les musées qui ne veulent pas*

---

[393] En ce qui concerne les collections d'archéologie, d'ethnologie et d'égyptologie, les acquisitions sont de plus en plus difficiles et par conséquent rares, et ce pour plusieurs raisons. Il est désormais difficile de tomber sur des pièces authentiques, qui ne soient pas restaurées à 70% (TASSIGNON (I.), Archéologue de terrain et conservatrice des collections d'archéologie et d'ethnologie, Fondation Gandur pour l'Art, communication personnelle, 22 juin 2021).

[394] BELTRAMETTI (S.), "Museums strategies: leasing antiquities", *op. cit.*

[395] « [...] *the lack of purchasing power provides a great incentive for exchanges among collections and meaningful loan programs* » (HALLMAN (R.), "Museums and Cultural Property: A Retreat from the Internationalist Approach", *op. cit.*).

encourager le commerce illicite pourrait être la mise en œuvre d'ambitieux programmes de prêts entre musées »[396].

2) Des alternatives à la pleine propriété des collections

a. Le musée : une entité dépositaire ou propriétaire du patrimoine ?

« *Trop de musées raisonnent encore exclusivement en termes de propriété. Les musées ont commencé par être des institutions dont la vocation était la préservation du patrimoine culturel. Nous devons revenir à cela et trouver de nouvelles façons de le faire* »[397]. Il s'agit dès lors d'envisager ce que pourrait être une communauté muséale qui n'acquiert pas ou significativement moins, ce qui relève davantage de l'ordre de l'hypothétique.

Les réflexions autour de la propriété au sein des musées, l'observation d'un ralentissement des acquisitions, le développement significatif des prêts entre institutions… Ces données sont propices à la considération d'alternatives à la pleine propriété, alternatives qui induisent généralement un fort volet coopératif, tandis que la propriété demeure au contraire très unilatérale, voire exclusive.

---

[396] « *The report concedes that museums may need the market, but it warns of the legal and ethical dangers that museums face there. It cites alternatives to the continued pursuit of ownership of cultural property, observing a growing realisation that the best way forward for museums that don't want to encourage the illicit trade may be ambitious programmes of inter-museum loans* » (*Idem*).

[397] « […] *too many museums are still thinking in terms of ownership... Museums started out being institutions for the preservation of cultural heritage. We have to get back to that and find some new ways to do it* » (*Idem*).

Si les prêts à long terme sont prometteurs en tant qu'alternative à l'acquisition, d'autres solutions ont été élaborées dans le cadre des négociations des *Alternative Dispute Resolution* dans les litiges relatifs aux biens culturels[398]. A cet égard, l'expérience italienne est particulièrement riche et inventive. Dès lors, il conviendrait d'envisager de telles alternatives dans un cadre plus institutionnalisé et pérenne, au-delà du schéma circonscrit (et soumis à la confidentialité contractuelle) d'une résolution d'un contentieux entre parties.

b. De la joint-ownership au concept de « garde partagée »

Il s'agit ici de s'intéresser à la mise en place de régimes de propriété originaux, à l'image de la *joint ownership* décidée, dans le cadre d'une procédure judiciaire, pour un tableau de Degas, « *Landscape with Smokestacks* », spolié par les nazis et acheté par la suite par un collectionneur américain. L'issue de ce litige est très originale en ce que les parties ont finalement convenu, en août 1998, de l'arrangement suivant : « *le collectionneur a donné la moitié du tableau à l'Art Institute of Chicago et l'autre moitié aux descendants de la famille à laquelle il avait été pillé, avec une option, pour le musée, d'acheter la seconde moitié du tableau en payant la moitié de la valeur du tableau, sur la base d'une évaluation convenue par les deux parties* »[399]. L'exemple récent de la rotation

[398] Le contentieux pouvant s'avérer inapproprié comme moyen de résoudre des litiges en droit de l'art, le règlement extrajudiciaire des différends présente des avantages.

[399] « *The parties eventually agreed to the following arrangement: the collector gave half of the painting to the Art Institute of Chicago and the other half to the descendants of the family from which it had been looted, with an option for the museum to purchase the second half of the painting by paying half of the painting's value based on a valuation*

« perpétuelle » (tous les trois ans) de l'exposition du tableau entre un musée en France et le musée de l'Université de l'Oklahoma[400] est également une issue intéressante.

Par ailleurs, référence est faite au concept de « garde partagée », terme particulièrement intéressant en ce qu'il semble aller au-delà du simple prêt, voire même induire des droits de propriété[401]. Or, ce terme n'a aucune réalité

---

agreed by both parties. These were the terms of an out-of-court settlement reached by the parties in August 1998 » (CORNU (M.), RENOLD (M.-A.), "New Developments in the Restitution of Cultural Property: Alternative Means of Dispute Resolution", *International Journal of Cultural Property*, 2010, pp. 1-31).

400 Selon les termes du protocole signé le 1er juin 2021 entre Léone Meyer et l'Université d'Oklahoma à qui elle cède la propriété du tableau de Pissaro, « *Bergère rentrant ses moutons* » (1886), volé par les nazis à la famille Meyer (CASTELAIN (J.-C.), "Le musée américain reprend la propriété du Pissarro spolié", *Le Journal des arts*, 2 juin 2021).

401 Le concept de « garde partagée » a pu être mentionné de manière informelle en marge des discussions quant à la mise en place du programme de coopération culturelle entre le *Metropolitan Museum of Art* (MET) et l'Etat italien, en 2006. L'utilisation de ce terme s'inscrit dans un contexte de négociations contractuelles bilatérales, mais n'a pas de réalité juridique propre. En effet, l'accord consiste en la mise en place d'un programme de coopération culturelle entre l'Italie et ledit musée, impliquant des prêts réciproques d'artefacts archéologiques et d'autres oeuvres d'art : « *The Ministry and the Commission for Cultural Assets of the Region of Sicily and the Museum have agreed that the transfer of the Requested Items* [Laconian kylix, Red-figured Apulian Dinos attributed to the Darius painter, Red-figured psykter decorated with horsemen, Red-figured Attic amphora by the Berlin painter, The Euphronios Krater, Hellenistic Silver] *shall take place in the context of this Long-Term Cultural Cooperation Agreement* [...] *to ensure the optimum utilization of the Italian cultural heritage, and as part of the policy of the Ministry to recover Italian archaeological assets* [...] *This Agreement is part of a continuing program of cultural cooperation between Italy and the Museum involving reciprocal loans of archaeological artifacts and other works of art consistent with Article 67, Paragraph 1, letter (d) of the Code of Cultural and Natural Assets* »

juridique propre. Toutefois, un exemple semble s'approcher de cette idée : l'accord entre le Gouvernement de la République française et le Gouvernement du Royaume des Pays-Bas relatif à l'exposition et à la gestion conjointe des portraits de Maerten Soolmans (propriété des Pays-Bas) et d'Oopjen Coppit (propriété de la France) par Rembrandt Van Rijn, signé à Paris le 1er février 2016[402]. Aux termes de cet accord, les parties contractantes entendent développer un projet de coopération culturelle « [...] *pour la présentation conjointe, alternativement au Rijksmuseum à Amsterdam et au Musée du Louvre à Paris, ainsi que pour la gestion de la paire de portraits d'Oopjen Coppit et de Maerten Soolmans* [...], *après leur acquisition respective par l'Etat français et par l'Etat néerlandais* ». Ainsi, dans le cadre de cet accord, « *Les œuvres d'art sont présentées au public sans jamais séparer les deux portraits et en soulignant particulièrement le lien inséparable qui les unit* »[403]. Dans ce contexte, « *Les œuvres d'art seront présentées indissociablement et alternativement dans chacun des deux musées précités, par le biais d'un dépôt conjoint et alterné* », selon des modalités précises décidées contractuellement quant à la présentation des œuvres et le calendrier de rotation sur le long terme[404].

(Ministry for Cultural Assets and Activities of the Italian Republic and the Commission for Cultural and Environmental Assets and Education of the Region of Sicily and the Metropolitan Museum of Art, *Agreement*, 2006).

[402] Décret n°2016-1291 du 29 septembre 2016 portant publication de l'accord entre le Gouvernement de la République française et le Gouvernement du Royaume des Pays-Bas relatif à l'exposition et à la gestion conjointe des portraits de Maerten Soolmans et d'Oopjen Coppit par Rembrandt Van Rijn, Paris, signé le 1er février 2016.

[403] *Idem*.

[404] *Idem*.

B. La mise en place d'une communauté muséale davantage axée sur la coopération

Il est clair « *qu'emprunter une œuvre n'équivaut pas à en être propriétaire et qu'une communauté muséale qui n'acquiert pas de biens culturels sur le marché international sera différente* »[405]. Le développement des prêts entre institutions muséales (**1**) plaide en faveur de l'établissement d'une coopération organisée et pérenne au sein de la communauté muséale (**2**).

1) Le développement des prêts entre institutions muséales

a. L'opportunité des prêts entre institutions muséales

Considérer le prêt à la place de l'acquisition : assiste-t-on à un changement de paradigme du musée ? Le développement d'un consensus autour de ces programmes, au-delà d'accords bilatéraux entre institutions selon l'idée « *qui prête, empruntera* », et la création d'une politique internationale de prêts sont-ils opportuns ? Le développement du prêt est-il susceptible de rapprocher le musée de ses missions et de son rôle initial ?

Il apparaît que « *l'échange temporaire de biens culturels par le biais d'expositions de prêts internationaux s'est avéré être la seule forme d'échange international de biens culturels que la communauté muséale approuve*

---

[405] « *In short, borrowing a work is not the equivalent to owning it, and a museum community that does not acquire international cultural property will be a different one* » (HALLMAN (R.), "Museums and Cultural Property: A Retreat from the Internationalist Approach", *op. cit.*).

largement et ouvertement »[406]. Par ailleurs, « *les expositions de prêt à court terme se sont avérées un forum d'échange international extrêmement populaire, bien que déséquilibré* »[407]. La mise en place de prêts permet de sécuriser de bonnes relations et d'ouvrir de nombreuses perspectives de coopération entre les institutions concernées. En cela, elle devrait être envisagée de manière croissante comme l'un des axes de développement prioritaires du musée.

b. La promotion de la coopération muséale sous l'égide de l'ICOM

L'ICOM a facilité les échanges internationaux en encourageant et en normalisant les prêts et les expositions temporaires parmi les musées. En 1970, l'ICOM a inclus « *parmi les responsabilités des musées des pays riches en art le devoir de coopérer avec les musées étrangers et autres institutions scientifiques pour assurer une représentation adéquate de cette culture à l'échelle internationale* »[408].

L'ICOM plaide largement en faveur du développement de mécanismes de coopération entre musées. Le Code ICOM indique, en son article 3.10 relatif à la coopération entre les musées et les autres institutions : « *le personnel muséal doit reconnaître et contribuer à la nécessaire coopération et concertation entre institutions partageant les mêmes intérêts et pratiques de collecte* », et

[406] « *The temporary exchange of cultural property through international loan exhibitions has proven to be the only form of international exchange in cultural property that the museum community broadly and openly endorses* » (*Idem*).
[407] « [...] *short-term loan exhibitions have proven an immensely popular, if lopsided, forum for international exchange* » (*Idem*).
[408] *Idem.*

en son article 6.1 relatif à la coopération (origine des collections) : « *les musées doivent promouvoir le partage des connaissances, de la documentation et des collections avec les musées et les organismes culturels situés dans les pays et les communautés d'origine. Il convient d'explorer les possibilités de développer des partenariats avec les pays ou les régions ayant perdu une part importante de leur patrimoine* ». En cela, le comité international de l'ICOM pour les échanges d'expositions (ICEE) créé en 1980, constitue un forum adapté au partage d'expériences et de savoir-faire en matière d'expositions et des « *différents aspects de la réalisation des expositions, de leur circulation et de leurs échanges* »[409].

2) Un plaidoyer en faveur d'une coopération croissante, organisée et pérenne entre musées

a. Dialogue et réconciliation d'intérêts a priori divergents

Le *Benin Dialogue Group*, formation réunissant « *des musées européens conservant les œuvres majeures pillées en 1897 dans la capitale historique du Royaume du Bénin (aujourd'hui Nigeria)* »[410] propose des solutions originales, à l'image d'accords de prêt de longue durée. La capacité des musées à se réunir en groupe afin de débattre de problématiques sensibles telles que les retours et restitutions est à souligner, en ce que « *le dialogue doit prévaloir dans les questions de restitution* »[411].

---

[409] ICOM. *Comité international pour les échanges d'expositions* [en ligne], URL : https://icom.museum/fr/committee/comite-international-pour-les-echanges-dexpositions/ [page consultée le 28/08/2021].
[410] MARIN (J.-Y.), "L'Afrique est le continent le plus spolié", *La Tribune de Genève*, 16 novembre 2018.
[411] *Idem.*

La mise en place en 2021 par le gouvernement allemand d'un projet pilote intitulé *MuseumsLab* visant à réunir des professionnels des musées allemands et africains, dans un échange sur des sujets tels que la décolonisation et la restitution d'objets pillés, dans le but de favoriser une plus grande coopération internationale est tout aussi pertinente[412].

b. Le musée, dépositaire du bien commun

Le MAH s'est illustré, en 1939, à travers une exposition intitulée « *Les chefs-d'œuvre du Musée du Prado* »[413], après avoir abrité un grand nombre de tableaux du musée du Prado pendant la guerre civile espagnole. En 2007, il organisait l'exposition « *Gaza, à la croisée des civilisations* », soutenant le projet de création d'un musée archéologique dans la Bande de Gaza[414], comprenant une phase de formation aux divers métiers muséaux par les équipes du MAH auprès des futurs conservateurs et personnels du Musée de Gaza. A ce jour, les œuvres sont toujours conservées par le MAH[415]. Enfin, il convient de mentionner le cas du « *musée sur l'Afghanistan en exil* »,

---

412 HICKLEY (C.), “Germany launches African museum exchange programme to discuss returning looted objects”, *The Art Newspaper*, 25 mai 2021.

413 GARCIA (M.), “Le MAH, un havre protecteur depuis 1939. 1939 - 2017 : le musée à la croisée des enjeux patrimoniaux”, *Blog MAH Genève*, 2 mai 2017.

414 ZANI (L.), “Striscia di Gaza passato e futuro”, *Archeologia Viva*, 2007.

415 Elles ont été placées à la demande des autorités palestiniennes sous la sauvegarde de la Ville de Genève, jusqu'à ce que la situation politique permette leur retour en Palestine. L'équipe du MAH a fait un remarquable travail de restauration et d'inventaire : les œuvres sont prêtes à repartir depuis plusieurs années (MARIN (J.-Y.), ancien directeur du MAH et spécialiste des questions d'éthique muséale, communication personnelle, 23 juin 2021).

abrité par une fondation suisse située à Bubendorf. Cette dernière a, sous les auspices de l'UNESCO, accueilli et assuré la conservation de trésors du patrimoine afghan (près de 1400 objets), entre 1999 et 2006. Le rapatriement de ces biens, sortis d'Afghanistan entre 1998 et 2001 pour éviter leur destruction par les Talibans, fut décidé en septembre 2006, à la suite d'une demande expresse du gouvernement afghan et sur accord de l'UNESCO[416].

Ce rôle de refuge (*safe haven*) que peut être amené à jouer le musée est essentiel et résulte d'un contexte de conflit armé. Un lien avec la résolution 2347 (2017) du CSNU peut être fait, le paragraphe 16 de cette résolution invitant les Etats membres à « *prendre des mesures préventives pour sauvegarder, en période de conflit armé, les biens culturels propres à chaque pays (...), y compris, s'il y a lieu, par des activités de documentation et de regroupement de leurs biens culturels dans un réseau de 'refuges' sur leur territoire afin d'assurer leur protection* »[417], dans le sillage des mesures prises par

---

[416] UNESCO. *Le Musée-en-exil : une fondation suisse préserve plus de 1400 objets d'art afghans* [en ligne], URL : http://www.unesco.org/new/fr/culture/themes/museums/museum-projects/archive/museum-in-exile-swiss-foundation-safeguards-over-1400-afghan-artefacts/ [page consultée le 30/08/2021]. A ce propos, Marie Cornu et Marc-André Renold ont pu indiquer : « *This was a form of trustee-ship that ended on the day UNESCO decided that the property in question could be handed back* » (CORNU (M.), RENOLD (M.-A.), "New Developments in the Restitution of Cultural Property: Alternative Means of Dispute Resolution", *op. cit.*).

[417] « *Engage également les États Membres à prendre des mesures préventives pour sauvegarder, en période de conflit armé, les biens culturels propres à chaque pays et les autres éléments de leur patrimoine culturel revêtant une importance nationale, y compris, s'il y a lieu, par des activités de documentation et de regroupement de leurs biens culturels dans un réseau de 'refuges' sur leur territoire afin d'assurer leur protection, tout en prenant en considération les*

l'UNESCO visant à assurer la protection de la culture et la promotion du pluralisme culturel en cas de conflit armé[418]. Ces initiatives s'inscrivent complètement dans le cadre de la lutte contre le trafic illicite, car le fait de ne pas « accueillir » ces biens, et de les maintenir dans leur pays d'origine, les exposent alors aux dangers du trafic et/ou de destruction. On peut y voir un exemple de coopération internationale en faveur de la protection du patrimoine culturel alors entendu comme bien commun et pour lequel le musée se positionne en dépositaire[419].

---

spécificités culturelles, historiques, et géographiques du patrimoine culturel devant être protégé, et prend note du projet de plan d'action de l'UNESCO, qui contient plusieurs propositions visant à faciliter ces activités » (ONU, Conseil de Sécurité, Résolution 2347 (2017), 24/03/2017, S/RES/2347 (2017), p. 5).

[418] *Idem.*

[419] Il est intéressant à cet égard de mentionner l'article 2.11 Dépositaires en dernier recours du Code ICOM : « *Rien dans ce Code de déontologie ne saurait empêcher un musée de servir de dépôt autorisé pour des spécimens ou des objets de provenance inconnue ou illégale collectés sur le territoire dans lequel s'établit sa juridiction* ».

SECTION 2 : Les retours et restitutions, une donnée indissociable de la lutte contre le trafic illicite de biens culturels

Les retours et restitutions de biens culturels volés ou illicitement exportés font partie intégrante de la lutte contre le trafic illicite de biens culturels, tandis qu'ils sont appréhendés comme des vecteurs d'altération profonde des comportements des opérateurs du marché de l'art. Aussi l'enclenchement de ces mécanismes agit-il en régulation du marché de l'art (**§1**), tandis que la multiplication des demandes de retour et de restitutions de biens volés ou illicitement exportés fragilise le statut des musées dits universels, ce qui s'inscrit plus largement dans des réflexions et perspectives nouvelles quant à l'évolution de l'institution muséale (**§2**).

§1 Les retours et restitutions, vecteurs de régulation du marché de l'art

La Convention de 1970 et la Convention UNIDROIT ont un effet de régulation du marché l'art, de par l'élaboration des mécanismes de retour et de restitution qu'ils induisent (**A**), tandis que le musée semble être l'institution la plus appropriée pour faciliter et favoriser les processus de retour et de restitution[420] (**B**).

[420] WEISS (L.J.), "The Role of Museums in Sustaining the Illicit Trade in Cultural Property", *op. cit.*

A. Le rôle des conventions internationales dans l'élaboration de mécanismes de retour et restitution

La Convention de 1970 et la Convention UNIDROIT ont un effet de régulation du marché l'art (**1**), tandis que certaines restitutions procèdent d'un dépassement des contraintes de non-rétroactivité de ces instruments (**2**).

1) L'instauration et la crédibilité des mécanismes de retour et restitution

a. L'instauration de mécanismes de retour et restitution

La Convention de 1970 et la Convention UNIDROIT contribuent à la promotion d'une persuasion morale sur le marché international de l'art. Il est clair que « *le but de la Convention UNIDROIT n'est pas tant de permettre ou de provoquer un certain nombre de restitutions ou de retours, forcément relativement rares, mais de réduire le trafic illicite en provoquant une modification progressive mais profonde des comportements des acteurs du marché et des acquéreurs* »[421]. La Convention UNIDROIT est conçue comme un moyen d'équilibrer la protection des biens culturels et la promotion des échanges culturels. Ces deux instruments conditionnent la crédibilité des processus de retour et restitution du patrimoine culturel.

[421] SCHNEIDER (M.), "The UNIDROIT Convention on Cultural Property: State of Play and Prospects for the Future", *op. cit.*

b. La crédibilité des processus de retours et restitutions

Le comportement du musée à l'égard des demandes de retour et de restitution qui peuvent lui être adressé en conditionne en partie la faisabilité. L'appui de la communauté muséale en faveur des processus de retours et restitutions favorise leur crédibilité. Par ailleurs, « *les problèmes posés par le vol ou le pillage d'objets culturels sont amplifiés par le fait que le taux de récupération de ces œuvres est extrêmement faible* »[422]. La crédibilité de ces mécanismes conforte également la non-impunité des actes incriminés. En effet, l'enclenchement de ces mécanismes de retour ou de restitution est un indicateur de non-impunité auprès des opérateurs du marché illicite de biens culturels, tandis qu'ils contribuent à davantage responsabiliser tant les acquéreurs que les vendeurs du marché de l'art.

2) La relativité des contraintes de non-rétroactivité des conventions internationales

a. Les effets des conventions internationales sur les restitutions actuelles

On ne peut ignorer l'effet de la Convention de 1970 et de la Convention UNIDROIT sur les restitutions actuelles et l'attitude des musées à cet égard, et ce alors même que ces instruments ne sont pas rétroactifs[423]. Au

---

[422] « *The problems presented by the theft or plundering of cultural artifacts are magnified by the fact that the recovery rate for such works is extremely low* » (LENZNER (N. R.), "The Illicit International Trade in Cultural Property: Does the UNIDROIT Convention Provide an Effective Remedy for the Shortcomings of the UNESCO Convention", *op. cit.*).

[423] PROTT (L.V.), *Commentary on the 1995 UNIDROIT Convention. Second Edition*, *op. cit.*, p. 121.

regard de la Convention UNIDROIT, « *il y a des signes clairs que le principe de base de la convention, contenu dans l'article 3, selon lequel "le possesseur d'un bien culturel qui a été volé doit le restituer" est respecté sans tenir compte des contraintes de non-rétroactivité* »[424].

Ainsi, plusieurs objets ont été retournés à leur propriétaire légitime « *sans recourir aux dispositions de la Convention UNIDROIT, ou à la date butoir de 1970* »[425]. Il y a plusieurs explications à cela : pour beaucoup de musées, il est crucial de conserver de bonnes relations avec des pays riches culturellement (à l'image du *Getty Museum* retournant des objets à l'Italie et à la Turquie), cela se fait également dans l'optique d'une amélioration des relations avec les anciennes colonies (France, Allemagne, Pays-Bas, Belgique), ou encore afin d'obtenir des avantages de nature économique (à l'image des archives coréennes retournées à la Corée du Sud tandis qu'était négocié un contrat portant sur l'achat du TGV par la Corée du Sud)[426]... En définitive, « *tous ces exemples démontrent qu'il existe aujourd'hui de nombreuses manières de persuader les Etats, les musées ou même les collectionneurs privés de retourner les objets dans leur Etat d'origine* »[427].

---

424 « [...] *there are clear signs that the convention's basic principle, contained in article 3, that 'possessor of a cultural object which has been stolen shall return it' is being heeded without regard to the constraints of non-retroactivity* » (Préface de REDMOND-COOPER (R.) et SCHNEIDER (M.) dans : PROTT (L.V.), *Commentary on the 1995 UNIDROIT Convention. Second Edition*, *op. cit.*, p. vi).

425 PROTT (L.V.), *Commentary on the 1995 UNIDROIT Convention. Second Edition*, *op. cit.*, p. 121.

426 *Ibid.*, p. 123.

427 « *All of these examples show that there are now many ways of persuading states, museums or even private collectors to return items to their original location* » (*Idem*). Lyndel Prott fait ensuite une liste très riche de restitutions significatives qui sont intervenues ces dernières

A ce propos, l'application de la Convention UNIDROIT « *conditionne toute action dans le domaine de la circulation des biens culturels et la crédibilité des processus de retour du patrimoine culturel spolié par l'entreprise coloniale*"[428], tandis qu'elle "*est le seul outil juridique susceptible de compenser le déséquilibre et de fonder un droit commun à restitution pour assurer la pérennité du processus engagé pour les biens culturels accaparés pendant la période coloniale* »[429].

b. Le Comité intergouvernemental pour la promotion du retour de biens culturels à leur pays d'origine ou de leur restitution en cas d'appropriation illégale

Créé en 1978, l'ICPRCP est un organe permanent et indépendant de la Convention de 1970. La lecture des actes de la vingtième session de la Conférence générale de l'UNESCO est à ce titre intéressante : après avoir rappelé la résolution 4.128 concernant les mesures à prendre pour promouvoir la restitution ou le retour de biens culturels aux pays qui les ont perdus par suite d'une occupation coloniale ou étrangère, la Conférence générale se disait « *consciente de l'importance que présente pour ces pays le retour de biens ayant pour eux une valeur spirituelle et culturelle fondamentale afin qu'ils puissent constituer des collections représentatives de leur patrimoine*

---

années, sans que les Etats, musées ou collectionneurs n'y soient juridiquement contraints (*Ibid.*, pp. 123-125).

428 MARIN (J.-Y.), "Restitutions : construire le paysage muséal de demain", *Le Journal des Arts*, 28 juin 2018.

429 SAVOY (B.), SARR (F.), *Rapport sur la restitution du patrimoine culturel africain. Vers une nouvelle éthique relationnelle*, *op. cit.*, tel que cité dans : Préface de REDMOND-COOPER (R.) et SCHNEIDER (M.) dans : PROTT (L.V.), *Commentary on the 1995 UNIDROIT Convention. Second Edition*, *op. cit.*, p. vii.

culturel »[430], tandis qu'elle considérait que « *les Etats membres devraient collaborer dans un esprit de compréhension mutuelle et de solidarité à l'établissement et à la mise en œuvre de programmes pour la constitution de telles collections* »[431]. Ainsi, un Etat partie ou non-partie à la Convention de 1970 « *qui aurait perdu des biens culturels d'une importance fondamentale et qui en demanderait la restitution ou le retour, dans des cas ne relevant pas des Conventions internationales* »[432], peut faire appel à ce Comité.

B. Le musée, une institution appropriée pour faciliter et favoriser les processus de retour et de restitution de biens volés ou illicitement exportés

On observe une évolution significative dans la manière qu'ont les musées d'appréhender les demandes de retour et restitution (**1**), tandis que l'opportunité pour le musée d'agir en catalyseur des demandes de retour et restitutions est cohérente avec ses missions (**2**).

1) L'appréhension des demandes de retours et de restitutions par les musées

a. La multiplication des demandes de retour et de restitution et leur prise en compte par les musées

Le comportement du musée à l'égard des demandes de retour et de restitution est crucial quant à leur issue. Au

---

430 UNESCO. *Résolution 20 C4/7.6/5 de la 20e session de la Conférence générale de l'UNESCO*, 1978, *op. cit.*
431 *Idem.*
432 UNESCO. *Comité intergouvernemental « Retour & Restitution »* [en ligne], URL : https://fr.unesco.org/fighttrafficking/icprcp [page consultée le 30/08/2021].

début du XXème siècle, alors que de plus en plus de pays sources formulaient des demandes auprès de musées (e.g. la Grèce, l'Égypte ou encore l'Italie), l'attitude des directeurs de musées était alors relativement passive dans le traitement de ces réclamations[433]. Ces derniers se sont véritablement saisis du problème « *avec la marée montante de demandes de rapatriement d'antiquités, acquises il y a des siècles dans une atmosphère de normes éthiques très différentes de celles d'aujourd'hui* »[434]. Un changement graduel s'est ensuite opéré dans l'attitude des directeurs de musées qui réagissent désormais avec davantage de vigilance à cet égard[435].

Par ailleurs, « *de nombreux cas de restitution de biens culturels impliquent des entités autres que des Etats. Les musées, par exemple, sont à l'origine de nombreuses restitutions, comme en témoigne* [...] *le rôle actif joué par l'ICOM* »[436].

---

433 WEISS (L.J.), "The Role of Museums in Sustaining the Illicit Trade in Cultural Property", *op. cit.*

434 « [...] *[museum directors] [took] issue with [the] rising tide of claims for repatriation of antiquities [which were] acquired centuries ago in an atmosphere of ethical standards far different from today's* » (*Idem*).

435 « *The recent accords between American museums and Italy demonstrate the gradual change in attitude of museum directors, who are now responding more vigilantly to claims concerning illegally confiscated artwork* » (*Idem*).

436 « *Many cases of restitution of cultural property involve entities other than states. Museums, for example, are behind many restitutions, as borne out by numerous examples given in the journal Museum and the active role played by ICOM* » (CORNU (M.), RENOLD (M.-A.), "New Developments in the Restitution of Cultural Property: Alternative Means of Dispute Resolution", *op. cit.*).

b. Retours et restitutions spontanés

Il est intéressant à cet égard de mentionner des exemples de restitutions intervenues du propre fait du musée. A titre d'exemple, le *Getty Museum* a spontanément renvoyé trois objets en Italie en 1999, tandis qu'en 2002, le *Princeton Art Museum* a volontairement rendu au gouvernement italien un ancien relief sculptural romain de sa collection, après que les propres recherches du musée eurent révélé que l'œuvre avait été exportée hors d'Italie sans permis d'exportation légal, avant que le musée ne l'acquière de bonne foi en 1985[437]. Plus récemment, de nombreux musées s'illustrent de la sorte, en rendant volontairement et spontanément des objets, après avoir conduit les recherches permettant d'attester de leur vol et/ou exportation illicite. L'actualité récente en la matière a été extrêmement riche : en mai 2021, l'Allemagne s'est engagée à restituer au Nigeria, à partir de 2022, une série de bronzes du Bénin provenant du pillage de la cité royale de Benin City[438]. En juin 2021, la Fondation allemande du patrimoine culturel prussien « *est devenue la première institution à officialiser le vœu de restituer les bronzes béninois au Nigéria d'ici 2022* »[439] : en l'espèce, le conseil d'administration de la Fondation a chargé son directeur de « *négocier la restitution des objets pillés avec les autorités nigérianes, 'quelles que soient les circonstances dans lesquelles ils ont été acquis' par les autorités du musée de*

---

[437] BELTRAMETTI (S.), "Museums strategies: leasing antiquities", *op. cit.*

[438] R.P. (avec AFP), "L'Allemagne s'engage pour un retour des bronzes du Bénin", *Le Quotidien de l'art*, Edition n°2160, 2 mai 2021.

[439] TRAN (Q.), "It's Been a Watershed Year for the Restitution of African Artworks. But What About Objects Stolen From the Continent Next Door?", *Artnet News*, 6 juillet 2021.

Berlin »[440]. En juin 2021, le *Metropolitan Museum of Art* (MET) annonçait qu'il prévoyait de restituer trois bronzes au Nigéria, après avoir mené des recherches de provenance de ses collections en collaboration avec le *British Museum* (où les pièces ont été exposées avant d'être retirées dans des circonstances obscures) et la commission nationale nigériane pour les musées et les monuments[441]. Enfin, aux Pays-Bas, le gouvernement a accepté de mettre en place des lignes directrices, en accord avec les recommandations d'un rapport publié par une commission consultative dirigée par des experts des principaux musées du pays, qui pourraient en faire un *leader* mondial dans la restitution d'objets de l'époque coloniale.

2) Le musée, un catalyseur des demandes de retour et de restitution ?

a. L'allocation de ressources et de main d'œuvre comme degré d'appréciation des efforts du musée quant à l'introspection de ses collections

Il convient de souligner, à ce propos, certaines initiatives de musées, prises indépendamment de leur gouvernement respectif. A titre d'exemple, le Musée national des cultures du monde de Leiden (NMVW), « *qui estime que 40% des 450.000 pièces de sa collection proviennent des colonies néerlandaises* »[442], a établi, en mars 2019, ses propres directives pour la restitution

[440] HICKLEY (C.), "Berlin museums board agrees to relinquish Benin bronzes 'regardless of how they were acquired", *The Art Newspaper*, 30 juin 2021.
[441] VAZZOLER (M.), "Le Met va restituer trois bronzes au Nigéria", *Le Quotidien de l'Art*, Edition n°2188, 10 juin 2021.
[442] CASCONE (S.), "The Dutch Government Just Promised to Return Any Stolen Colonial-Era Objects in Its Collections Back to Their Countries of Origin", *Artnet News*, 4 février 2021.

coloniale, tandis qu'il annonçait, en décembre 2020, « *un projet de recherche de quatre ans, à hauteur de 4,5 millions d'euros sur les collections de musées amassées à l'époque coloniale* »[443]. Si ces initiatives ne sont pas encore généralisées, elles se développent toutefois, tandis que leur médiatisation et diffusion, tant au sein de la communauté muséale que de l'opinion publique, est salutaire.

Il est primordial que les musées allouent des fonds pour la recherche de provenance (ou que des fonds soient alloués à ces recherches, selon la gouvernance du musée). A cet égard, « *les musées ont les ressources, la main-d'œuvre et la capacité de rechercher et de documenter la provenance des peintures et des artefacts aux origines douteuses. En comblant les lacunes de provenance et en proposant de restituer des objets qui n'appartiennent pas à un musée ou à son prêteur, les musées rempliront leurs obligations envers le public en tant qu'institution honnête pour la préservation et l'éducation du public* »[444]. En se positionnant de cette manière, en faveur de démarches de recherches et d'éventuelles restitutions, le musée va potentiellement tirer un bénéfice de cette attitude, enclencher un « cercle vertueux » de coopération et de dialogue.

Bien entendu, les restitutions spontanées et volontaires ne peuvent être que le fait de musées autorisés de par leur statut et surtout, de par la législation de leur Etat

---

[443] *Idem.*

[444] « *Museums have the resources, manpower and ability to research and document the provenance of paintings and artifacts with questionable origins. By filling provenance gaps and offering to return objects that do not belong to a museum or its lender, museums will fulfill their obligations to the public as an honest institution for the preservation and education of the public* » (WEISS (L.J.), "The Role of Museums in Sustaining the Illicit Trade in Cultural Property", *op. cit.*).

d'établissement, à faire sortir de leurs collections un ou plusieurs objets. La pluralité de musées explique sans doute l'absence de consensus sur ces questions. Dans beaucoup de cas, il ne sera pas du ressort du musée de trancher l'issue de la demande. Toutefois, le musée se doit d'appuyer et de favoriser la résolution amiable de ces demandes. Dans tous les cas, il doit pouvoir faire un état des lieux et identifier les objets pour lesquels il a des soupçons et dont les conditions d'acquisition pourraient être contestables. Il est rare que le musée infirme ou confirme une telle demande, mais il doit nécessairement se saisir de ces demandes, les appuyer, faire les recherches et allouer les fonds nécessaires. Il ne peut pas rester neutre ou sur la défensive.

Si le discours du Président français Emmanuel Macron à Ouagadougou en novembre 2017 et la publication du rapport Sarr-Savoy un an plus tard[445], ont insufflé un nouvel élan quant au rapport de la France à son histoire coloniale, le principe d'inaliénabilité des collections publiques ne permet pas d'inscrire les restitutions dans une perspective durable. La question des restitutions ne se pose en effet pas de manière globale, mais au cas par cas, notamment à coups de lois exceptionnelles ciblées ou de « faits du prince »[446]. Face à ce constat, et admettant le caractère éminemment complexe des questions de restitution qui « *remettent en jeu mettent en jeu le principe d'inaliénabilité des collections et questionnent la légitimité du projet universel des musées* »[447], le Sénat a adopté, le 10 janvier 2022, une proposition de loi relative à la circulation

[445] SAVOY (B.), SARR (F.), *Rapport sur la restitution du patrimoine culturel africain. Vers une nouvelle éthique relationnelle*, *op. cit.*

[446] GIMONNET (C.), “La loi sur les restitutions chagrine opposants et partisans”, *Le Journal des arts*, 8 janvier 2021.

[447] Sénat. *Proposition de loi, adoptée par le Sénat, relative à la circulation et au retour des biens culturels appartenant aux collections publiques*, n°133, déposée le mardi 12 juillet 2022.

et au retour des biens culturels appartenant aux collections publiques, dans le but d'instaurer un cadre juridique pérenne permettant les restitutions sur le long terme[448]. L'article premier prévoit l'instauration d'un « Conseil national de réflexion sur la circulation et le retour des biens culturels extra-européens » composé de douze personnalités qualifiées choisies pour leurs compétences scientifiques (conservateurs, historiens, historiens de l'art, ethnologues, juristes) dont la double mission consisterait à « *donner son avis sur les demandes de restitution, afin d'apporter aux pouvoirs publics un éclairage scientifique dans leur prise de décision, et mener une réflexion prospective en matière de circulation et de retour des biens culturels* »[449]. Le second article de cette proposition de loi vise quant à lui à faciliter la restitution de certains restes humains conservés dans les collections publiques. Cette proposition de loi s'inscrit dans la continuité de l'indispensable réflexion autour de l'opportunité d'une loi-cadre en matière de restitutions, à mesure que se cristallise le mouvement de restitution en France[450]. Ce texte a été transmis à l'Assemblée nationale en juillet 2022 et consécutivement renvoyée à la Commission des affaires culturelles et de l'éducation[451].

Dans ce contexte, il est également pertinent « *de se demander si une approche volontaire, initiée et maîtrisée par les musées, en matière de restitution de biens culturels ne serait pas la voie pour refonder 'de nouveaux rapports*

---

[448] *Idem.*
[449] *Idem.*
[450] TRANCHARD (A.), "Un état des lieux du cadre juridique des restitutions du patrimoine culturel africain en France et en Europe en 2021", *Journal Spécial des Sociétés*, n°15, 2022.
[451] Assemblée Nationale. *Dossier législatif. Proposition de loi adoptée par le Sénat relative à la circulation et au retour des biens culturels appartenant aux collections publiques*, 2022.

culturels reposant sur une éthique relationnelle repensée', et ce 'de préférence à des actions à un niveau gouvernemental ou politique »[452].

b. Créer le repentir à l'échelle d'une institution ?

Le repentir procède de considérations intrinsèquement liées à la nature humaine, il est difficile de créer le repentir au sein d'une institution, d'où l'importance et le devoir d'introspection des collections pour corriger le passé, au nom de l'institution muséale et pour les propriétaires lésés. On ne peut bien entendu pas appréhender les exemples de restitutions volontaires et spontanées de la part de musées comme le fruit d'un repentir (elles donnent souvent lieu à des prêts de plus ou moins longue durée, à des échanges d'œuvres d'art, de compétences...). On peut toutefois envisager le « repentir » comme participant de la lutte contre le trafic illicite de biens culturels, comme une action *a posteriori,* une prise de conscience.

Plusieurs initiatives individuelles, à l'instar du touriste italien restituant par la poste un fragment de ruine qu'il avait lui-même prélevé frauduleusement du site archéologique de Pompéi 50 ans plus tôt[453], ou de la restitution volontaire, en 2003, d'une coiffure cérémonielle aux Indiens Kwakwaka'wakws par Aube Elléouët, fille du collectionneur André Breton[454], témoignent de ce

---

[452] SAVOY (B.), SARR (F.), *Rapport sur la restitution du patrimoine culturel africain. Vers une nouvelle éthique relationnelle*, *op. cit.* cité dans : NEGRI (V.), "Guerres, conflits et collections. Les musées et l'obligation de restituer des biens culturels", *op. cit.*

[453] Ce qui est loin d'être un cas isolé.

[454] MARIN (J.-Y.), "A celle-qui-a-rendu", *Le Monde*, 4 octobre 2003. Quelques semaines avant la vente des collections André Breton, Marie Mauzé (anthropologue familière de l'histoire de la « Potlatch

changement d'attitude, tant au sein de l'opinion publique que des collectionneurs privés. Cela a une résonance particulière au regard des collections privées, alors qu'il est acquis que les collectionneurs d'aujourd'hui sont les musées de demain. La sensibilisation et l'éducation des collectionneurs aux méfaits du trafic illicite de biens culturels sont primordiales : s'ils doivent faire preuve d'éthique lors de chacune des acquisitions, le repentir que la médiatisation croissante des revendications peut faire naître chez certains d'entre eux, au regard d'acquisitions antérieures relativement peu documentées, est essentielle.

En définitive, la variété et la diversité dans la manière qu'ont les musées de réagir aux demandes de retour ou restitution reflète l'absence de consensus au sein de la communauté muséale en la matière[455] : « *alors que les musées devraient créer une procédure standard pour répondre aux revendications des propriétaires légitimes présumés ou des pays d'origine, en l'espèce chaque cas présente un scénario factuel différent* [...] *la clé de cette procédure n'est pas que les musées créent des mécanismes de réponse élaborés, mais plutôt qu'ils se rendent compte*

Collection » dont est issue la présente coiffure), a écrit une lettre au commissaire en charge de la vente Breton, rappelant « [...] *l'histoire de vie de la coiffure et les conditions dramatiques de la confiscation des objets cérémoniels aux Kwakwaka'wakw* », et plaidant en faveur de sa restitution. Suite à cette lettre, Aube Elléouët répondit qu'elle « [...] *serait fière de rendre ce masque aux Indiens à qui il a été volé* ». Ainsi, « *La restitution de la coiffure par Aube Breton Elléouët* [...] *est certainement un événement unique dans l'histoire des relations entre Premières nations, musées tribaux et personnes privées* » (MAUZÉ (M.), "Objet retrouvé, objet rendu : Un cas de restitution exemplaire", *Les Cahiers du Centre universitaire d'études et de recheches autochtones*, 2008, dans : *La restitution du patrimoine matériel et immatériel : Regards croisés Canada / Mélanésie*, pp. 67-77).

[455] KIRBY (C. L.), "Stolen Cultural Property: Available Museum Responses to an International Dilemma", *op. cit.*

de la nécessité d'un plan d'action et d'un processus décisionnel uniformes et équitables servant les intérêts de toutes les parties concernées »[456].

§2 Remise en cause croissante du « musée universel » et réflexions quant à la construction du paysage muséal de demain

La multiplication des demandes de retour et de restitutions de biens volés ou illicitement exportés fragilise le statut des musées universels (**A**), tandis que se dessinent de nouvelles perspectives quant au « musée de demain » (**B**).

<u>A. Une remise en cause croissante du musée universel</u>

Le débat sur le devenir des musées dits universels et leur manière unilatérale de justifier la non-sortie de biens culturels de leurs collections ont considérablement fragilisé leur statut (**1**), tandis qu'il apparaît que le concept de musée n'est pas toujours la réponse appropriée dans le contexte de retour et de restitution (**2**).

---

[456] « *While museums should create a standard procedure for responding to claims by alleged true owners or countries of origin, each case will present a different factual scenario. Thus, these procedures should be flexible enough for museums to respond in an appropriate fashion to each claim. The key to these processes is not that museums create elaborate response mechanisms, but rather that museums realize the need for a uniform, fair course of action and decision-making process that serves the best interests of all the parties involved* » (*Idem*).

1) Le « musée universel », un modèle dépassé ?

a. Le « musée universel » à l'aune des restitutions actuelles

Personnage clé opposé à l'idée de musée universel, Quatremère de Quincy « *professe le respect du contexte patrimonial et refuse une institution tenue pour dénaturante, comme l'horizon d'un art de musée, chaque œuvre serait à maintenir au sein du cadre originel qui lui donne sens - à tout le moins l'enrichit et le fortifie* »[457]. Plusieurs arguments justifient l'existence du musée universel, qui sont toutefois de moins en moins recevables et acceptés par l'opinion publique, notamment.

Selon les défenseurs du « musée universel », les demandes de restitutions procèdent de considérations purement nationalistes et sont en cela un frein aux échanges culturels. Paradoxalement, « *alors qu'il y a plus de place pour le débat - et pour l'introduction de principes internationalistes - sur le thème de la restitution, ironiquement, le déploiement d'une justification internationaliste culturelle pour retenir les biens culturels va à l'encontre d'une justification internationaliste de leur acquisition aujourd'hui* »[458]. L'argument du musée universel serait ainsi davantage brandi pour justifier la non-sortie de biens des collections, plutôt qu'aux fins d'embrasser une dynamique salutaire et universelle de

---

[457] POULOT (D.), *Une histoire des musées de France, XVIII-XXème siècle*, Paris, Ed. La Découverte, 2008, p. 9.

[458] « *While there is more room for debate - and for the introduction of internationalist principles - on the topic of restitution, ironically, the deployment of a cultural internationalist justification for retaining cultural property operates against an internationalist justification for acquiring it today* » (HALLMAN (R.), "Museums and Cultural Property: A Retreat from the Internationalist Approach", *op. cit.*).

programmes d'échanges et de prêts internationaux, permettant d'élever au niveau international l'exceptionnalité de certains biens culturels et, par conséquent, leur accessibilité par le plus large public.

Les réflexions autour de l'origine de l'institution muséale entretiennent le lien entre une certaine forme d'impérialisme et l'origine du musée. L'impérialisme, « *nourri de guerres et de conquêtes* »[459] manifestement à l'origine de l'institution, « *signerait une violence originelle de l'institution muséale* »[460]. Or, il est indéniable que « *des manifestations de l'impérialisme (...) perdurent sous une forme policée dans l'expression contemporaine 'musées universels' et dans la revendication de cette qualité par des musées occidentaux* »[461].

b. Le musée est-il l'unique récipiendaire dans le contexte de retours et restitutions ?

Cette question se pose au regard de l'implication des communautés dans les demandes et les processus de retours et de restitutions (considérant l'implication sociale et rituelle de certains objets), du concept occidental de musée (dont l'universalité ne fait toutefois pas de doute), des conséquences qu'est susceptible d'emporter le retour d'un objet dans un Etat dont les frontières ne correspondent pas à celles en place au moment du vol ou de l'exportation illicite[462], par exemple, et les potentiels troubles identitaires

---

[459] NEGRI (V.), "Guerres, conflits et collections. Les musées et l'obligation de restituer des biens culturels", *op. cit.*

[460] *Idem.*

[461] *Idem.*

[462] L'exemple du sabre d'El Hadj Oumar Tall restitué au Sénégal par la France en 2019 est particulièrement pertinent pour évoquer l'éventuelle dimension « supra-étatique » de certains objets qui auraient « plusieurs

que le retour d'un objet dans son pays d'origine peut entraîner...

Par ailleurs, la question de restitution se pose avec acuité pour les biens cultuels[463]. Au regard de l'exemple pré-cité de la restitution d'une coiffe cérémonielle aux Indiens Kwakwaka'wakws par Aube Elléouët, il est très intéressant de s'interroger sur le devenir de l'objet ainsi restitué et d'apprécier les modalités entourant la restitution de cet objet cultuel appartenant à une communauté : « *la cérémonie de restitution a été conçue par les Anciens et les représentants du musée ; elle a permis de concilier deux registres de signification que l'on pourrait juger a priori antagonistes à la lumière de la situation présente. En effet, la coiffure a été réintroduite rituellement au sein d'une cérémonie inédite créée pour l'occasion, qui renvoie au contexte rituel d'origine de l'objet et qui respecte le protocole cérémoniel. La coiffure est aussi considérée comme une pièce de musée, ce qu'elle est définitivement. Au U'mista Cultural Centre, nul n'a cherché à réinstaurer dans l'objet une authenticité désormais perdue. Dans le cadre du musée local, elle a pris statut d'artefact : elle a été inventoriée, et après sa restauration, elle sera exposée*

---

nationalités », du fait de la mouvance des frontières en aval de l'enlèvement initial du bien.

463 HUGUET (V.), "Œuvres d'art : le casse-tête des restitutions", *Marianne*, 29 janvier 2011. Cela fait également penser à l'exemple du trône du sultan des Bamouns, trône royal issu du Cameroun et conservé au musée ethnologique de Berlin depuis 1908. Il s'agirait d'un « [...] *cadeau diplomatique du gouvernement impérial du Cameroun au Kaiser Guillaume II* ». Or, cet objet est d'une importance primordiale pour le peuple des Bamouns. Bénédicte Savoy mentionne « [...] *le contexte de violence coloniale et de dissymétrie de pouvoir* » (SAVOY (B.), *A qui appartient la beauté ? Arts et cultures du monde dans nos musées*, Collège de France, 2017).

dans la galerie principale de l'établissement »[464]. Ainsi, l'objet a été réintroduit rituellement dans son contexte d'origine, avant d'être mis sous la vitrine d'un musée.

2) La Déclaration sur l'importance et la valeur des musées universels

a. Une démarche unilatérale

La « Déclaration sur l'importance et la valeur des musées universels » rédigée en décembre 2002 et signée par des institutions de renommée internationale, parmi lesquelles le musée du Louvre, le *Getty Museum*, le musée du Prado, le *Rijksmuseum* ou encore le *British Museum*, a secoué le monde des musées. En effet, « *sa publication a soulevé une polémique sur la restitution d'œuvres réunies dans des collections qui ont été constituées au fil des siècles, ainsi que sur les responsabilités des musées à l'heure actuelle* »[465]. Condamnant le trafic illicite de biens culturels (bien que timidement, comme devant être « *fermement découragé* »), la Déclaration poursuit en indiquant : « *il nous faut toutefois admettre que les pièces acquises autrefois doivent être considérées à la lumière de valeurs et de sensibilités différentes, lesquelles témoignent de ce passé révolu. En effet, les objets et les œuvres monumentales installés il y a quelques décennies, voire siècles, dans les musées d'Europe et d'Amérique ont été acquis dans des conditions nullement comparables à celles d'aujourd'hui. Au fil du temps, les œuvres ainsi acquises – par achat, don ou partage – sont devenues partie intégrante des musées qui les ont préservées, et par extension, du*

---

[464] MAUZÉ (M.), "Objet retrouvé, objet rendu : Un cas de restitution exemplaire", *op. cit.*

[465] LEWIS (G.), "Le musée universel : un cas à part ?", *Les Nouvelles de l'ICOM*, vol. 57, n°1, 2004.

patrimoine des nations qui les abritent ». Il est clair que cette déclaration unilatérale ne saurait sceller le sort de milliers d'œuvres. Se présentant comme un obstacle au mouvement de revendication des biens culturels par les pays sources, « *les institutions signataires souhaitent éviter la constitution de précédents en matière de restitution des biens culturels et n'acceptent d'étudier de telles demandes qu'au cas par cas, au regard des contextes historiques considérés et de la légalité des acquisitions* »[466].

b. Le positionnement de l'ICOM

Face à une déclaration inopportunément vouée à « *former une caste de musées distincte* »[467], l'ICOM a convoqué une session extraordinaire afin d'amener le débat sur cette question. Le but de l'ICOM est en effet de raccorder des prises de positions, d'accompagner la communauté muséale sur des sujets complexes, sans toutefois créer de fractures au sein de celle-ci. La politisation de sujets (à l'instar de la thématique des retours et restitutions de biens culturels qui vient s'accoler à la problématique du trafic illicite) peut s'avérer néfaste pour des sujets qui requièrent patience et apaisement et qui nécessitent de revenir à un débat concret et pragmatique entre professionnels. Dans la publication de l'ICOM reprenant l'intégralité de la déclaration et convoquant des avis et réactions de professionnels à son sujet, Geoffrey Lewis, alors président du comité pour la déontologie, écrivait : « *contrairement à ce qu'ils insinuent, ils ne s'expriment pas au nom de la communauté muséale internationale* », tandis qu'un autre professionnel clôturait

---

[466] SCHUSTER (P.-K), “Les trésors des cultures du monde dans le musée public”, *Les Nouvelles de l'ICOM,* vol. 57, n°1, 2004.
[467] ABUNGU (G.), “La Déclaration : une question controversée”, *Les Nouvelles de l'ICOM,* vol. 57, n°1, 2004.

son article en invitant les musées signataires « *à faire preuve d'esprit de corps plutôt que de former une caste de musées distincte* »[468].

B. Réflexions quant à la construction du paysage muséal de demain

L'appropriation croissante de la mission de lutte contre le trafic illicite de biens culturels par le musée tend à influer sur les orientations propres de ce dernier, ainsi qu'à accentuer ses mutations internes. Le musée s'impose en effet comme une entité résiliente, de par son caractère substantiellement évolutif et son adaptabilité aux enjeux et défis auxquels il est confronté (**2**), tandis que se dessinent et se développent des alternatives au musée traditionnel (**1**).

1) Les alternatives au musée traditionnel

a. Le musée virtuel

A Tongling, en Chine, un musée présente virtuellement des objets de cuivre et des bronzes millénaires datant de la dynastie Han, dont beaucoup se trouvent à l'étranger. Si les musées virtuels ne sont pas nouveaux, le trait distinctif du musée virtuel de Tongling, « *c'est qu'il incorpore et présente des ressources culturelles disséminées dans plusieurs pays* [...] *La Chine a subi au cours des siècles de vastes pertes de son patrimoine culturel : on estime que des millions d'objets ont quitté le pays par différents moyens* »[469]. Ces musées virtuels ouvrent le champ des possibles : « *il ne s'agira pas de*

[468] *Idem.*
[469] JIGEN (T.), "Des bronzes chinois du monde entier réunis dans un musée virtuel", *Le Courrier de l'UNESCO*, octobre / décembre 2020, pp. 23-24.

simples sites web exposant les collections d'un musée en particulier, ni d'un regroupement des sites web de plusieurs musées, mais du fruit d'une collaboration entre différentes institutions à travers le monde »[470]. Cela fragilise également l'idée d'immuabilité des collections : un « *musée dans le nuage* »[471] qui se renouvelle à l'infini… Il est toutefois peu probable que de tels musées virtuels parviennent à susciter les mêmes émotions qu'une exposition dans l'enceinte d'un musée, à l'image de l'exposition dédiée au peintre Titien à la *National Gallery* de Londres qui s'est tenue de mars à juin 2020, « *Titian : Love, Desire, Death* » et qui réunissait les six peintures de la série des métamorphoses d'Ovide, de Boston, Madrid et Londres, pour la première fois depuis plus de quatre siècles…

b. Duplication d'œuvres et débats sur l'authenticité

La nécessité pour les musées de trouver des solutions pour partager ce qui, *a priori*, ne se partage pas, amène à considérer le potentiel entourant la duplication d'œuvres d'art. Est-ce une alternative véritablement envisageable pour la communauté muséale, notamment à la lumière des débats sur l'authenticité ? Il semble que la duplication d'une œuvre soit davantage acceptable et acceptée dans l'optique de sa préservation, à l'instar de la copie de la statue de David de Michel-Ange, dont une réplique est installée à l'extérieur du *Palazzo Vecchio*[472], ou encore dans le cadre d'une

---

470 *Idem.*

471 *Idem.*

472 Située à l'origine à l'extérieur, devant le *Palazzo Vecchio*, la statue originale a été déplacée, depuis 1873, à la *Galleria dell'Accademia* de Florence pour éviter sa détérioration. Le David que l'on peut voir sur la place centrale de la ville, *Piazza della Signoria*, est en fait une réplique installée là en 1910. La deuxième réplique a été installée au centre de *Piazzale Michelangelo.* Par ailleurs, la statue a été largement reproduite

prouesse technique, à l'instar de la réplique en 3D de la statue de David, créée par un groupe d'architectes et d'ingénieurs italiens aux fins de sa présentation au sein du pavillon italien de l'Exposition universelle 2020 qui s'est tenue du 1er octobre 2021 au 31 mars 2022 à Dubaï[473]. Si la première réplique de la statue a été réalisée à des fins de préservation, la réplique 3D avait quant à elle un but pédagogique. Aucun des exemples précités ne procède d'un litige entre deux musées et/ou Etats au regard de la légitimité de la localisation d'une œuvre donnée. La réplique des « *Noces de Cana* » de Paolo Véronèse, commissionnée par la fondation Giorgio Cini de Venise avec la collaboration du musée du Louvre[474], revêt une tout autre dimension : cette réplique est située dans son lieu originel, à Venise, « *sur le mur pour lequel le tableau a été conçu en 1563, avant que les soudards de Napoléon ne l'emportent en 1797* »[475], alors que l'original se trouve au Louvre. De l'avis de certains, « *l'aura des Noces de Cana a migré* »[476]. A l'académicien Jean Clair de se demander :

---

car c'est un symbole universel de beauté et de bonté (il existe environ 32 statues de David dans différentes villes du monde).

[473] Ce projet, soutenu par le musée (la *Galleria dell'Accademia* de Florence), vise à mettre en évidence les avantages de l'utilisation de l'impression 3D dans l'art. La statue 3D est la réplique la plus fidèle jamais réalisée en combinant photogrammétrie et numérisation laser. De plus, il s'agit de « […] *la première réplique autorisée par le musée après que la directrice de l'Académie ait remporté une bataille pour le droit d'auteur en 2017* » (MAGRONE (I.), "Digital twin of Michelangelo's David for Dubai Expo 2021", *3D printing industry*, 13 septembre 2020.

[474] Cette réplique a été réalisée par l'entreprise *Factum Arte*. Créée en 2000 par Adam Lowe, cette entreprise « […] *crée ou recrée, préserve les chefs-d'œuvre en collaboration avec les musées, enregistre leur ADN dans des fichiers numériques* » (DELESALLE (N.), "Comment la copie des 'Noces de Cana' a supplanté l'original", *Télérama*, 8 décembre 2020).

[475] *Idem*.

[476] *Idem*.

« *vaut-il mieux l'œuvre dégradée ou la copie supérieure à l'original dégradé, replacée dans le lieu de sa raison d'être ?* »[477]. La pertinence et le bien-fondé de ces procédés de duplication ne semble pouvoir s'apprécier qu'au cas par cas.

2) Musées et résilience

a. Un terme présent dans le vocabulaire de l'ICOM

Le terme de résilience tire son origine de la langue anglaise *resilience*, « *fait de rebondir* » (1626, Francis Bacon). En France, ce terme a été largement diffusé par le neuropsychiatre Boris Cyrulnik, dès les années 1990. Ce dernier l'a défini comme « *la capacité à surmonter l'adversité, les chocs traumatiques* », ou encore comme « *un ressort intime face aux coups de l'existence* ». Il s'agit donc initialement d'une résilience individuelle, trouvant son origine dans des travaux de psychanalyse. Selon le dictionnaire Larousse, ce concept peut également s'entendre comme « *la capacité d'un écosystème, d'un biotope ou d'un groupe d'individus (population, espèce) à se rétablir après une perturbation extérieure (incendie, tempête, défrichement)* ». Transposée dans un contexte organisationnel, la résilience peut être entendue, selon les termes d'Erik Hollganel, comme « *la capacité d'une organisation à garder ou à retrouver un état de stabilité dynamique qui lui permet de poursuivre ses opérations pendant et après un incident majeur ou en présence d'un stress continu* »[478].

---

[477] *Idem.*

[478] Erik Hollnagel conçoit la résilience comme une dimension de la performance organisationnelle (cité dans : KÜBLER (B.), AREZKI (D.), SOLDO (E.), "Les musées face à la crise. Proposition d'une

Il est intéressant de constater que ce terme est de plus en plus utilisé dans le vocabulaire des organisations internationales, à l'image du Conseil international des monuments et des sites (ICOMOS) ou encore de l'UNESCO[479]. En 2021, toute une section du site internet de l'ICOM était dédiée à la résilience du musée (sous l'intitulé « *Musées et résilience* »), tandis que ce terme apparaît également dans de nombreux supports de l'ICOM, à l'instar de son rapport annuel 2020. Le terme de résilience s'invite jusque dans la structure organisationnelle de l'ICOM, avec la création du Comité international pour la résilience des musées face aux catastrophes (DRMC) lors de la vingt-cinquième Conférence générale de l'ICOM, en septembre 2019[480].

---

taxonomie de la résilience muséale en temps de Covid", *Gestion et management public*, vol. 9, n°4, 2021, pp. 99-110).

[479] On peut, à titre d'exemple, citer le mouvement mondial *ResiliArt* initié par l'UNESCO en avril 2020 dans le contexte de crise sanitaire lié à la pandémie de Covid-19. Ce mouvement vise à renforcer la résilience des artistes et des professionnels de la culture face aux énormes défis posés par la crise sanitaire (UNESCO. *RESILIART Les artistes et la créativité au-delà de la crise* [en ligne], 2020, URL : https://fr.unesco.org/news/resiliart-artistes-creativite-au-dela-crise [page consultée le 25/08/2022]). Le terme de résilience apparaît à deux reprises dans la déclaration finale de MONDIACULT, notamment pour souligner le rôle de la culture en tant que « *force de résilience* » (UNESCO. *Déclaration finale*, Conférence mondiale de l'UNESCO sur les politiques culturelles et le développement durable - MONDIACULT, Mexico, 28 - 30 septembre 2022).

[480] « *Il vise à se mettre au service des musées du monde entier en tant que plateforme efficace au rôle important, qui sert de source d'inspiration et de collaboration interdisciplinaire en ce qui concerne la préparation aux situations d'urgence et la réponse aux catastrophes* » (ICOM. *Un nouveau comité international pour la résilience des musées face aux catastrophes* [en ligne], novembre 2019, URL : https://icom.museum/fr/news/un-nouveau-comite-international-de-gestion-des-risques-pour-la-culture-en-cas-de-catastrophes/ [page consultée le 25/08/2022]).

Cette caractéristique de l'entité muséale a été particulièrement exacerbé par le contexte pandémique qui a contraint 90% des musées dans le monde à fermer temporairement[481]. Cette situation inédite a donné lieu à des études et des recommandations de l'ICOM concernant les outils à mettre en œuvre pour atteindre le public à distance, le développement de contenus digitalisés, la protection et la sécurisation de l'enceinte muséale et de ses collections (à l'instar des recommandations conjointes de l'ICOM et d'INTERPOL[482]), mais également concernant les modalités de réouverture des musées[483]. L'ICOM, agissant en tant qu'organisation encadrante auprès des musées, a fourni de l'aide à « *l'ensemble de la sphère muséale en favorisant la création d'une capacité de résilience commune* »[484].

b. Les nouveaux défis de la communauté muséale

Pour Samuel Redman, auteur de l'ouvrage « *The Museum: A Short History of Crisis and Resilience* », les périodes de crise que traversent la sphère muséale ont le mérite de soulever « *des questions aiguës sur ce que les*

---

481 UNESCO. *Rapport : les musées dans le monde face à la pandémie de Covid-19*, 2020.

482 ICOM. *Assurer la sécurité du patrimoine culturel pendant le confinement : un défi pour les professionnels des musées et les services de police* [en ligne], URL : https://icom.museum/fr/news/assurer-la-securite-du-patrimoine-culturel-pendant-le-confinement-un-defi-pour-les-professionnels-des-musees-et-les-services-de-police/ [page consultée le 1/09/2021].

483 A cet égard, l'auteur Samuel Redman s'étonne que « [...] *peu de gens aient écrit sur l'impact de la pandémie de grippe de 1918 sur les musées* » (REDMAN (S.), *The Museum: A Short History of Crisis and Resilience*, New-York, NYU Press, 2022, 232 p.).

484 KÜBLER (B.), AREZKI (D.), SOLDO (E.), "Les musées face à la crise. Proposition d'une taxonomie de la résilience muséale en temps de Covid", *Gestion et management public*, *op. cit*.

musées devraient être »[485]. Dans ces contextes d'urgence, « *les musées sont obligés de faire face à des questions fondamentales sur leurs priorités, leurs publics cibles et leurs missions essentielles* »[486]. De telles crises sont en quelque sorte le préalable nécessaire au travail d'introspection du musée quant à leur mission d'intérêt public. Dans le cadre de la menace croissante et continue du trafic illicite de biens culturels, la capacité du musée à questionner ses collections et leur légitimité (fragilisant ainsi leur statut) participe pleinement de sa résilience.

Comme cela a pu être souligné dans le rapport UNESCO publié en mai 2020 concernant les musées dans le monde face à la pandémie de Covid-19, « *la résilience est l'une des caractéristiques fondamentales des musées et cela est devenu d'autant plus évident depuis le début de la crise de la Covid-19* »[487]. Le contexte sanitaire lié à la pandémie de Covid-19 a été propice à l'émergence de nouvelles activités muséales, tirant profit des technologies numériques pour maintenir le lien avec le public. La digitalisation des collections (corollaire indispensable à la réalisation de ces activités en ligne) a permis aux musées, alors vidés de leurs publics, d'accroître la documentation de leurs collections existantes. Or, si la numérisation et la mise en ligne des collections concourent à rendre accessibles les collections au public le plus large, cela constitue également l'un des plus puissants outils de lutte contre le trafic illicite de biens culturels. Il importe toutefois de souligner les

---

[485] « *Ces questions passent soudainement de questions abstraites à des questions très concrètes et réelles* » (REDMAN (S.), *The Museum: A Short History of Crisis and Resilience*, *op. cit.*).
[486] ESPOSITO (V.), "The art of resilience: how the museum has endured through crisis", *The Guardian*, 25 février 2022.
[487] UNESCO. *Rapport : les musées dans le monde face à la pandémie de Covid-19*, *op. cit.*

inégalités parmi les musées quant aux investissements dans les technologies de l'information et de la communication[488].

Il est par ailleurs intéressant de constater « *qu'à mesure que les musées sont devenus des institutions de plus en plus durables dans la vie culturelle* […], *leurs crises sont devenues plus existentielles et plus tournées vers l'intérieur* »[489] : les crises auxquelles le musée est confronté (et au gré desquelles il se transforme), relèvent de plus en plus d'un processus d'introspection et d'autocritique de l'entité muséale vis-à-vis de sa raison d'être et de la cohérence de ses missions. Cela en parallèle de crises de nature externe qui perdurent, à l'image de l'incendie du musée national du Brésil en septembre 2018, la pandémie de Covid-19, l'incendie du musée de Gungu en République démocratique du Congo en novembre 2021, ou encore de la destruction du musée Ivankiv de Kiev et du musée local d'histoire de la ville de Marioupol en Ukraine (comptant parmi les 152 sites culturels ukrainiens, dont douze musées, détruits partiellement ou totalement depuis le début de l'invasion russe le 24 février 2022)[490].

Il est indéniable que les perturbations liées au changement climatique s'affirment et vont s'affirmer encore davantage comme l'un des plus grands défis de la communauté muséale dans les années à venir. En août 2021, le G20 reconnaissait le rôle des musées et de l'ICOM dans

---

488 « *La fracture numérique est plus évidente que jamais : seulement 5% des musées en Afrique et dans les petits Etats insulaires en développement (PEID) ont pu proposer des contenus* » (*Idem*).

489 ESPOSITO (V.), "The art of resilience: how the museum has endured through crisis", *The Guardian*, *op. cit.*

490 Rédaction Culture, "Guerre en Ukraine : 152 sites culturels ont été détruits dans le pays selon l'UNESCO", *France info culture*, 23 juin 2022.

la lutte contre la crise climatique[491]. L'ICOM a admis depuis plusieurs années le lien étroit entre changement climatique et dommages au patrimoine naturel et culturel[492]. Le musée est une entité en perpétuelle évolution, qui doit nécessairement se saisir des défis de son temps. Preuve de la capacité du musée à anticiper et accompagner les évolutions de la société dont il est le reflet, l'ICOM organisait déjà, en 1972, un colloque international intitulé « Musées et environnement »[493]. Plus récemment, la pandémie de Covid-19 a mis en exergue des dynamiques déjà enclenchées au sein de la communauté muséale visant à repenser les pratiques muséales actuelles au regard du développement durable. En effet, « *dès les premières fermetures de mai 2020, plusieurs dirigeants de musées ont pris la plume pour exprimer eux-mêmes leur désir de mettre fin au « productivisme », au turn-over rapide d'exposition d'œuvres ayant un long parcours de transport à leur actif et rappeler que nombre d'équipes, dans les musées, n'avaient pas attendu la crise sanitaire et les leçons de vertu pour agir* »[494]. Un groupe de travail sur le développement durable (*Working Group on Sustainability*) a été par ailleurs créé par l'ICOM en septembre 2018, tandis

---

491 ICOM. *Le G20 reconnaît le rôle des musées et de l'ICOM dans la lutte contre la crise climatique* [en ligne], 2 août 2021, URL : https://icom.museum/fr/news/le-g20-reconnait-le-role-des-musees-et-de-licom-dans-la-lutte-contre-la-crise-climatique/ [page consultée le 1/09/2021].

492 Cette acception a notamment été rappelée par Alberto Garlandini lors de son rapport présenté à la trente-septième Assemblée générale de l'ICOM, le 24 août 2022 à Prague (Tchéquie) (ICOM. *General Assembly Item 3 - President's Report*, 2022).

493 ICOM. *Document officiel - Chronologie de l'ICOM 1946 – 1998*, 1999.

494 ICOM. *Les musées, acteurs crédibles du développement durable ?* [en ligne], 2022, URL : https://www.icom-musees.fr/actualites/les-musees-acteurs-credibles-du-developpement-durable [page consultée le 24/08/2022]

que l'organisation adoptait, en septembre 2019, la résolution « *Développement durable et mise en œuvre du Programme de développement durable à l'horizon 2030, Transformer notre monde* ».

CONCLUSION

Dans le cadre de la Conférence mondiale de l'UNESCO sur les politiques culturelles et le développement durable (MONDIACULT, 28 - 30 septembre 2022, Mexico, Mexique), 150 Etats ont adopté à l'unanimité, et au terme de mois de négociations multilatérales, une déclaration finale dans laquelle la culture est reconnue comme « *bien public mondial* »[495]. Dans cette même déclaration, les Etats signataires ont souligné leur engagement à lutter contre le trafic illicite de biens culturels, « *en assurant la mise en œuvre effective de la Convention de 1970 et de ses mécanismes associés* »[496]. Les développements positifs induits par la Convention de 1970 et la Convention UNIDROIT dans la pratique des musées sont indéniables. La moralisation des musées en tant qu'acteurs du marché de l'art permise par ces normes internationales s'est propagée en parallèle d'un développement de la déontologie et de l'intelligence muséales. Le rôle central de l'ICOM dans l'élévation des standards et des pratiques éthiques au sein de la communauté muséale mondiale, mais également dans l'articulation de la déontologie muséale avec les normes internationales en la matière, n'est pas négligeable.

MONDIACULT 2022 a également été l'occasion pour la Directrice générale de l'UNESCO, Audrey Azoulay, d'annoncer la création, d'ici 2025, d'un musée virtuel des biens culturels volés, conjointement avec INTERPOL. Ce projet qui s'inspire d'initiatives nationales

---

495 UNESCO. *Déclaration finale*, Conférence mondiale de l'UNESCO sur les politiques culturelles et le développement durable - MONDIACULT, Mexico, Mexique, 28 - 30 septembre 2022.

496 *Idem.*

(à l'instar de la présentation d'objets archéologiques issus du trafic illicite par le MAH en mars 2017, la présentation de biens volés ou illicitement exportés récupérés par les carabiniers du CCTPC et exposés dans l'enceinte de l'UNESCO en octobre 2019[497], la présentation d'œuvres saisies par les douanes au musée du Louvre en mai 2021, ou encore l'exposition intitulée « *Trésors coupables. Pillages archéologiques en France et dans le Bassin méditerranéen* » au musée d'Histoire de la ville de Marseille, à compter de décembre 2022) consacre l'importance de la sensibilisation et de l'éducation comme parties intégrantes d'une stratégie globale de lutte contre le trafic illicite de biens culturels[498]. Ce projet peut être perçu comme un aveu de la part de l'agence onusienne que l'enveloppe muséale est l'une des plus à même de véhiculer ce message et de remplir cette mission. Il vient cristalliser les enjeux autour de l'enrayement de ce fléau et le devoir de l'institution muséale, dans sa pluralité, à cet égard. Conçu comme un outil éducatif et pédagogique, ce musée virtuel en devenir, nouvel exemple de « musée dans le nuage »[499], incarne les enjeux contemporains autour de la digitalisation des collections muséales.

---

[497] Bien que portée à une échelle internationale, i.e. au siège de l'UNESCO, cette exposition a été organisée par la délégation italienne auprès de l'UNESCO. Intitulée « *Trésors retrouvés : Une exposition d'œuvres d'art uniques volées ou exportées illégalement et récupérées par les Carabiniers italiens* », elle retraçait cinquante ans de recherche, coopération et restitution de biens culturels par le CCTPC à travers le monde.

[498] « *Il sera un outil éducatif et pédagogique, pour que les citoyens puissent connaître l'histoire de ces œuvres, et en même temps un outil de recherche pour les personnes ayant un doute à lever sur l'origine d'un bien* » (UNESCO. Communiqué de presse. *MONDIACULT 2022 : Les États adoptent une Déclaration historique pour la Culture*, 30 septembre 2022).

[499] JIGEN (T.), "Des bronzes chinois du monde entier réunis dans un musée virtuel", *op. cit.*

Le musée est un acteur incontournable du patrimoine culturel et plus spécifiquement de sa protection, conservation et mise en valeur. La lutte contre le trafic illicite de biens culturels représente un enjeu prégnant pour l'ensemble de la communauté muséale mondiale. Si les musées jouent un rôle clé dans la lutte contre le trafic illicite de biens culturels, les disparités dans leur manière d'appréhender, de prévenir et de contrer ce fléau sont nombreuses, ce qui ne leur est pas exclusivement imputable. Le musée demeure, à certains égards, tributaire de la volonté politique de son Etat d'établissement dans la manière d'appréhender et d'organiser la lutte contre le trafic illicite. En dépit de cela, les musées et les professionnels de musées ne sont pas moins une force de proposition sans précédent en la matière. Leur rôle dans la lutte contre le trafic illicite de biens culturels participe du mouvement d'évolution perpétuelle et de résilience propre à cette institution et s'inscrit plus largement dans les débats entourant la construction du paysage muséal de demain.

« *L'essence universelle du patrimoine culturel se traduit non seulement par la juridicisation d'un patrimoine commun, mais aussi par la reconnaissance d'un intérêt juridique de l'ensemble des Etats à la protection de tout le patrimoine culturel de l'humanité où qu'il se trouve* »[500]. Ne pourrait-on pas envisager un patrimoine mondial des objets, au même titre que les sites et monuments du patrimoine mondial[501] ? A partir d'un certain degré d'exceptionnalité,

---

[500] BORIES (C.), *Le patrimoine culturel en droit international. Les compétences des États à l'égard des éléments du patrimoine culturel*, *op. cit.*, p.12.

[501] Convention UNESCO pour la protection du patrimoine mondial, culturel et naturel du 16 novembre 1972. A noter qu'environ 8000 musées seraient situés dans des villes ou sites classés patrimoine mondial. Cette idée de patrimoine mondial des objets fut notamment portée par Sid-Ahmed Baghli qui fut président d'ICOM Algérie.

la protection de certains objets culturels ne devrait-elle pas être élevée au niveau international et transcender le cadre national ?[502] Dans le cadre de biens issus de collections muséales, les musées les abritant seraient alors davantage perçus comme dépositaires (et moins comme propriétaires) du patrimoine, renouant ainsi avec leur devoir de protection et leur responsabilité à l'égard du patrimoine mondial[503].

---

[502] Bien que, dans le même ordre d'idée que pour le patrimoine mondial des monuments et sites, leur désignation et inscription sur une liste procède d'une démarche nationale.

[503] La responsabilité des musées à l'égard du patrimoine mondial est indéniable, en atteste l'intitulé d'une conférence de l'ICOM tenue en 1980 : « Les musées et leur responsabilité à l'égard du patrimoine mondial » (ICOM. *Document officiel - Chronologie de l'ICOM 1946 - 1998*, *op. cit.*).

BIBLIOGRAPHIE

OUVRAGES GÉNÉRAUX ET OUVRAGES SPÉCIAUX

BORIES (C.), *Le patrimoine culturel en droit international. Les compétences des États à l'égard des éléments du patrimoine culturel*, Paris, Éditions A. Pedone, 2011, 558 p.

CARDUCCI (G.), *La restitution internationale des biens culturels et des objets d'art*, Paris, Librairie Générale de Droit et de Jurisprudence, 1997, 493 p.

CORNU (M.), FROMAGEAU (J.), POULOT (D.), *2002 Genèse d'une loi sur les musées*, Paris, Comité d'histoire du ministère de la culture, 2021, 832 p.

DESMARAIS (F.), *Countering illicit traffic in cultural goods: the global challenge of protecting the world's heritage*, International Observatory on Illicit Traffic in Cultural Goods, Paris, The International Council of Museums, 2015, 196 p.

J. O'KEEFE (P.), *Commentary on the 1970 UNESCO Convention. Second Edition*, Leicester, Institute of Art and Law, 2007, 217 p.

LEANZA (U.), *I beni culturali tra realtà locale e globalizzazione*, Milano, Edizioni Nagard, 2008, 518 p.

NEGRI (V.), *Le patrimoine culturel, cible des conflits armés. De la guerre civile espagnole aux guerres du 21ème siècle*, Bruxelles, éd. Bruylant, 2014, 249 p.

PROTT (L.V.), *Commentary on the 1995 UNIDROIT Convention. Second Edition*, Builth Wells, Institute of Art and Law, 2021, 160 p.

POULOT (D.), *Une histoire des musées de France, XVIII-XXème siècle*, Paris, Editions La Découverte, 2008, 196 p.

REDMAN (S.), *The Museum: A Short History of Crisis and Resilience*, New-York, NYU Press, 2022, 232 p.

SATCHIVI (F.), *Le déclin de l'État en droit international public*, Paris, L'Harmattan, 2001, 318 p.

RAPPORTS ET ETUDES

UNESCO. *Rapport sur la mise en œuvre de la recommandation de l'UNESCO concernant la protection et la promotion des musées et des collections, de leur diversité et de leur rôle dans la société du 17 novembre 2015*, 2019.

SAVOY (B.), SARR (F.), *Rapport sur la restitution du patrimoine culturel africain. Vers une nouvelle éthique relationnelle*, n°2018-26, 2018.

Conseil de l'Europe - Commission de la culture et de l'éducation. *Rapport sur la Convention UNIDROIT*, 5 février 1998.

NEGRI (V.), *Etude juridique sur la protection du patrimoine culturel par la voie des résolutions du Conseil de sécurité des Nations-Unies. Le patrimoine culturel dans le prisme de la résolution 2199 (2015) du Conseil de sécurité*, 25 mars 2015.

ICOM. *Musée. Rapport sur les avis des membres de l'ICOM concernant une nouvelle définition du musée. Analyse et rapport indépendants élaborés par le comité ICOM Define*, 22 juin 2021.

DICTIONNAIRES ET ENCYCLOPÉDIES

CORNU (M.), FROMAGEAU (J.), WALLAERT (C.), *Dictionnaire comparé du droit du patrimoine culturel*, Paris, Editions CNRS, 2012, 1024 p.

DESVALLÉES (A.), MAIRESSE (F.), *Dictionnaire encyclopédique de muséologie*, Paris, Armand Colin, 2011, 722 p.

REY (A.), *Le Dictionnaire Historique de la langue française*, Paris, Le Robert, 2019, 4416 p.

ARTICLES DE DOCTRINE

ANGHEL (L.), "La convention sur la diversité des expressions culturelles : état des lieux", *Hermès, La Revue*, vol. 51, n°2, pp. 65-69.

BELTRAMETTI (S.), "Museums strategies: leasing antiquities", *Colombia Journal of Law and the Arts*, 22/02/2013, pp. 203-260.

CARDUCCI (G.), "Déontologie, droit et patrimoine", *Les nouvelles de l'ICOM*, n°3, 2005.

CARDUCCI (G.), "Complémentarité entre les Conventions de l'UNESCO de 1970 et d'UNIDROIT de 1995 sur les biens culturels", *Revue de droit uniforme*, 2006, pp. 93-102.

CENTLIVRES (P.), "La destruction des Bouddhas de Bamiyan", in NEGRI (V.), *Le patrimoine culturel, cible des conflits armés. De la guerre civile espagnole aux guerres du 21ème siècle*, Bruxelles, éd. Bruylant, 2014, pp. 119-136.

CORNU (M.), RENOLD (M.-A.), "New Developments in the Restitution of Cultural Property: Alternative Means of Dispute Resolution", *International Journal of Cultural Property*, 2010, pp. 1-31.

CORNU (M.), "Recasting restitution: interactions between EU and international law", *Uniform Law Review*, vol. 20, 2015, pp. 637-646.

DELEPIERRE (S.), SCHNEIDER (M.), "Ratification and implementation of International Conventions to fight illicit trafficking in cultural property", in DESMARAIS (F.), *Countering illicit traffic in cultural goods: the global challenge of protecting the world's heritage*, International Observatory on Illicit Traffic in Cultural Goods, Paris, The International Council of Museums, 2015, pp. 129-138.

DES PORTES (E.), "La lutte contre le trafic des biens culturels : une priorité pour les professionnels de musée", *Gazette du palais*, 21 mars 1995, 115 (1995), Chronique, pp. 327-330.

DES PORTES (E.), "ICOM and the battle against illicit traffic of cultural property", *Museum International*, Paris, 48:3, 1996, pp. 51-58.

DES PORTES (E.), "Museums and ethics: long history, new developments", *International Journal of Cultural Property*, vol. 7, n°1, 1998, pp. 141-148.

DROZ A. L. (G.), "La convention d'UNIDROIT sur le retour international des biens culturels volés ou illicitement exportés", *Revue critique de droit international privé*, 1997, pp. 239-261.

DUROY (S.), GOFFAUX (G.), JARRASSÉ (D.), "Regards croisés sur les enjeux éthiques du patrimoine culturel", *Juris art etc.*, Juris éditions, Dalloz, 2015, n°28, pp. 18-22.

FLESSAS (T.), "The Ends of the Museum", *LSE Legal Studies Working Paper*, n°14/2013, mai 29, 2013.

FRIGO (M.), "Cultural property v. cultural heritage: A battle of concepts in international law?", *International Review of the Red Cross*, vol. 86, n°854, juin 2004, pp. 367-378.

FRIGO (M.), "Ethical Rules and Codes of Honor Related to Museum Activities: A Complementary Support to the Private International Law Approach Concerning the Circulation of Cultural Property", *International Journal of Cultural Property*, vol. 16, n°1, 2009, pp. 49-66.

FRIGO (M.), "The Impact of the UNIDROIT Convention on International Case Law and Practice: An Appraisal", *Uniform Law Review*, vol. 20, n°4, 2015, pp. 626-636.

GEORGOPOULOS (T.), "Avez-vous bien dit "crime contre la culture" ? La protection internationale des monuments historiques", *Revue hellénique de droit international*, 2001, pp. 459-482.

HALLMAN (R.), "Museums and Cultural Property: A Retreat from the Internationalist Approach", *International*

Journal of Cultural Property, vol. 12, n°2, 2005, pp. 201-224.

KHIAR (Y.), "Le droit international à l'épreuve de la destruction du patrimoine culturel archéologique irakien par Daech", *Sentinelle*, 3 février 2015.

KIRBY (C. L.), "Stolen Cultural Property: Available Museum Responses to an International Dilemma", *Dickinson Law Review,* vol. 104, n°4, 1999-2000, pp. 729-748.

KÜBLER (B.), AREZKI (D.), SOLDO (E.), "Les musées face à la crise. Proposition d'une taxonomie de la résilience muséale en temps de Covid", *Gestion et management public*, vol. 9, n°4, 2021, pp. 99-110.

LALIVE (P.), "La Convention d'UNIDROIT sur les biens culturels volés ou illicitement exportés (du 24 juin 1995)", *Revue suisse de droit international public et de droit européen*, 1/97, 1997, pp. 13-56.

LALIVE (P.), "Une Convention internationale qui dérange : la Convention UNIDROIT sur les biens culturels", in DUPUY (R-J.) (Ed.) : *Mélanges en l'honneur de Nicolas Valticos : droit et justice*, Paris, A. Pedone, 1999, pp. 177-188.

LEANZA (U.), "Conflitti armati e distruzione intenzionale del patrimonio culturale (protocollo de L'Aja del 1999 e Dichiarazione di Parigi del 2003)", in LEANZA (U.), *I beni culturali tra realtà locale e globalizzazione*, Milano, Edizioni Nagard, 2008, pp. 129-151.

LENZNER (N. R.), “The Illicit International Trade in Cultural Property: Does the UNIDROIT Convention Provide an Effective Remedy for the Shortcomings of the UNESCO Convention”, *University of Pennsylvania Journal of International Business Law*, vol. 15, n°3, Fall 1994, pp. 469-508.

MAINETTI (V.), “La Cour pénale internationale face à la destruction du patrimoine culturel : réflexions à propos de l’Affaire al-Mahdi”, *Ethnologies*, vol. 39, n°1, 2017, pp. 213-236.

MATTEUCCI (M.), “The History of UNIDROIT and the Methods of Unification”, *Law Library Journal*, vol. 66, n°3, août 1973, pp. 286-289.

NAFZIGER (J.A.R.), “The 1970 UNESCO Convention : insights, circumspections and outlooks”, *La convención de la UNESCO de 1970*, Mexico, 2013, pp. 211-226.

NEGRI (V.), “Un comité de déontologie de proximité. Des principes aux pratiques”, *Blog MAH Genève*, 16 octobre 2012.

NEGRI (V.), “Convention de 1970 : la diversité culturelle avant la lettre”, *Le Courrier de l’UNESCO*, octobre / décembre 2020, pp. 9-10.

NEGRI (V.), “Guerres, conflits et collections. Les musées et l’obligation de restituer des biens culturels”, in CORNU (M.), FROMAGEAU (J.), POULOT (D.), *2002 Genèse d’une loi sur les musées*, Paris, Comité d'histoire du ministère de la culture, 2021, pp. 71-80.

OUSTINOFF (M.), "Les points clés de la Convention sur la diversité des expressions culturelles", *Hermès, La Revue*, vol. 51, n°2, 2008, pp. 71-74.

PROTT (L.V.), O'KEEFE (P.), "Cultural Heritage or Cultural Property?", *International Journal of Cultural Property*, 1(2), 1992, pp. 307-320.

PROTT (L.V.), "UNESCO and UNIDROIT: a Partnership against Trafficking in Cultural Objects", *Uniform Law Review*, vol. 1, n°1, 1996, pp. 59-71.

PROTT (L.V.), "L'effet positif de la Convention UNIDROIT sur les musées", *INTERCOM newsletter*, Ottawa, Ont., n°1, 1997, pp. 3,5.

PROTT (L.V.), "Cultural heritage law: the perspective of the source nations", *Art Antiquity and Law*, vol. 5, n°4, décembre 2000, pp. 333-342.

PROTT (L.V.), "The International Movement of Cultural Objects", *International Journal of Cultural Property*, vol. 12, n°2, 2005, pp. 225-248.

PROTT (L.V.), "The UNIDROIT Convention on Stolen or Illegally Exported Cultural Objects - Ten Years On", *Uniform Law Review*, vol. 14, n°1/2, 2009, pp. 215-237.

SIEHR (K.), "UNIDROIT Convention of 1995 and Unclaimed Cultural Property without Provenance", *ELTE Law Journal*, 2013, pp. 89-102.

SCHNEIDER (M.), "The UNIDROIT Convention on Cultural Property: State of Play and Prospects for the

Future", *Uniform Law Review*, vol. 2, n°3, 1997, pp. 494-507.

SHYLLON (F.), "Why African States Must Embrace the 1995 UNIDROIT Convention", *Art Antiquity and Law*, vol. 17, n°2, août 2012, pp. 135-146.

TAM (S.), "In Museums We Trust: Analyzing the Mission of Museums, Deaccessioning Policies, and the Public Trust", *Fordham Urban Law Journal*, vol. 39, n°3, mars 2012, pp. 849-902.

WEISS (L.J.), "The Role of Museums in Sustaining the Illicit Trade in Cultural Property", *Cardozo Arts & Entertainment Law Journal*, vol. 25, n°2, 2007, pp. 837-876.

YASAITIS (K.E.), "Object ID: a model of global collaboration", *Museum Management and Curatorship*, 20:1, 2005, pp. 21-39.

ARTICLES DE VULGARISATION

ABUNGU (G.), "La Déclaration : une question controversée", *Les Nouvelles de l'ICOM*, vol. 57, n°1, 2004.

AZIMI (R.), "Recherche de provenance : le chantier colossal des œuvres d'Afrique", *Le Quotidien de l'Art*, Édition n°2164, 6 mai 2021.

BAGHLI (S.A.), "Principes pour l'établissement d'une éthique de la profession muséale", *ICOM*, 1974.

BAILEY (M.), “British Museum hires curator to research history of its collection, also covering contested objects such as the Parthenon Marbles”, *The Art Newspaper*, 15 janvier 2021.

CASCONE (S.), “The Dutch Government Just Promised to Return Any Stolen Colonial-Era Objects in Its Collections Back to Their Countries of Origin”, *Artnet News*, 4 février 2021.

CASTELAIN (J.-C.), “Le musée américain reprend la propriété du Pissarro spolié”, *Le Journal des arts*, 2 juin 2021.

CUNO (J.), “Culture War. The Case Against Repatriating Museum Artifacts”, *Foreign Affairs*, vol. 93, n°6, novembre / décembre 2014, pp. 119-129.

DELESALLE (N.), “Comment la copie des ‘Noces de Cana’ a supplanté l’original”, *Télérama*, 8 décembre 2020.

DUBACH LEMAINQUE (I.), “Entretien Jean-Claude Gandur. ‘Je veux me conduire en institution’”, *Le Journal des arts*, 7 mars 2003.

ESPOSITO (V.), “The art of resilience: how the museum has endured through crisis”, *The Guardian*, 25 février 2022.

GARCIA (M.), “Le MAH, un havre protecteur depuis 1939. 1939-2017 : le musée à la croisée des enjeux patrimoniaux”, *Blog MAH Genève*, 2 mai 2017.

GIMONNET (C.), “La loi sur les restitutions chagrine opposants et partisans”, *Le Journal des arts*, 8 janvier 2021.

HARRIS (G.), “Looted Libyan sculpture seized at Heathrow Airport heads back home with help from the British Museum”, *The Art Newspaper*, 10 mai 2021.

HICKLEY (C.), “Berlin museums board agrees to relinquish Benin bronzes regardless of how they were acquired”, *The Art Newspaper,* 30 juin 2021.

HICKLEY (C.), “Germany launches African museum exchange programme to discuss returning looted objects”, *The Art Newspaper*, 25 mai 2021.

HUGUET (V.), “Œuvres d’art : le casse-tête des restitutions”, *Marianne*, 29 janvier 2011.

HUGOUNENQ (S.), “Gandur met en sourdine son projet de musée”, *Le Quotidien de l’art,* 16 décembre 2020, n°2073.

JIGEN (T.), “Des bronzes chinois du monde entier réunis dans un musée virtuel”, *Le Courrier de l’UNESCO*, octobre / décembre 2020, pp. 23-24.

LEWIS (G.), “Le musée universel : un cas à part ?”, *Les Nouvelles de l’ICOM*, vol. 57, n°1, 2004.

MAGRONE (I.), “Digital twin of Michelangelo’s David for Dubai Expo 2021”, *3D printing industry*, 13 septembre 2020.

MARIN (J.-Y.), “Déontologie et missions : l'exemple des musées”, *Bulletin d'informations de l'Association des bibliothécaires français*, n°164, 1994.

MARIN (J.-Y.), “A celle-qui-a-rendu”, *Le Monde*, 4 octobre 2003.

MARIN (J.-Y.), “Il faut restituer les frises du Parthénon”, *La Croix*, 16 septembre 2004.

MARIN (J.-Y.), “Les musées sont-ils des prédateurs ?”, *La Croix*, 16 novembre 2006.

MARIN (J.-Y.), “Patrimoine en danger : neuf objets issus du trafic illicite présentés au MAH », *Blog MAH Genève*, 14 mars 2017.

MARIN (J.-Y.), “Restitutions : construire le paysage muséal de demain”, *Le Journal des Arts*, 28 juin 2018.

MARIN (J.-Y.), “L’Afrique est le continent le plus spolié”, *La Tribune de Genève*, 16 novembre 2018.

MAROZEAU (M.), “Question d’éthique. Les principes déontologiques au cœur des pratiques du Musée d’art et d’histoire”, *Blog MAH Genève*, 7 juin 2016.

MAUZÉ (M.), “Objet retrouvé, objet rendu : Un cas de restitution exemplaire”, *Les Cahiers du Centre universitaire d’études et de recheches autochtones*, 2008, in *La restitution du patrimoine matériel et immatériel : Regards croisés Canada / Mélanésie*, pp. 67-77.

MAZEIRAT (B.), “Cartel – le syndrome du majordome : Un texte pour une œuvre”, *Blog MAH Genève*, 14 novembre 2013.

MOULAS (C.), “Musées américains : qui sont les “trustees” ?”, *Le Journal des Arts*, 29 juillet 2018.

MURPHY (B.), "Ethique et musées : perspectives d'évolution de l'ICOM", *Les nouvelles de l'ICOM*, n°3, 2005.

NOCE (V.), "L'Italie repart à l'assaut du Getty", *Le Quotidien de l'Art*, Édition n°1732, 27 mai 2019.

PEDRAM (M.), "Les Collections en ligne du Louvre face à ses concurrents", *Le Journal des Arts*, 31 mars 2021.

ROBERT (D.), "70 ans : l'apogée tardif de l'ICOM", *Le Journal des arts*, 13 septembre 2016.

ROUMÉGOU (C.), "James Cuno quitte la direction du J. Paul Getty Trust", *Le Journal des arts*, 8 juillet 2021.

RYKNER (D.), "La nouvelle base de données des œuvres du Louvre", *La Tribune de l'Art*, 28 mars 2021.

SCHUSTER (P.-K), "Les trésors des cultures du monde dans le musée public", *Les Nouvelles de l'ICOM,* vol. 57, n°1, 2004.

TRAN (Q.), "It's Been a Watershed Year for the Restitution of African Artworks. But What About Objects Stolen From the Continent Next Door?", *Artnet News*, 6 juillet 2021.

TRANCHARD (A.), "Un état des lieux du cadre juridique des restitutions du patrimoine culturel africain en France et en Europe en 2021", *Journal Spécial des Sociétés*, n°15, 2022.

TRAPE (M.), "Le code de déontologie de l'ICOM pour les musées, 1986-2016 (Colloque, Genève, 7-8 décembre

2016)”, *Hypothèses, droit, patrimoine & culture*, 18 novembre 2016.

TRUE (M.), “Le but était de terroriser les musées”, *Le Journal des arts*, 18 janvier 2011.

VAZZOLER (M.), “Le Met va restituer trois bronzes au Nigéria”, *Le Quotidien de l’Art*, Edition n°2188, 10 juin 2021.

ZANI (L.), “Striscia di Gaza passato e futuro”, *Archeologia Viva*, 2007.

ZANI (L.), “Ginevra e... la battaglia di Cicerone”, *Archeologia Viva*, 2017.

R.P. (avec AFP), “L'Allemagne s'engage pour un retour des bronzes du Bénin”, *Le Quotidien de l’art*, Edition n°2160, 2 mai 2021.

Rédaction Culture, “Guerre en Ukraine : 152 sites culturels ont été détruits dans le pays selon l'UNESCO”, *France info culture*, 23 juin 2022.

“L'UNESCO et l'ICOM : trente-quatre ans de coopération”, *Museum*, vol. XXXII, n°3, 1980.

CONFERENCES ET COLLOQUES

MARÉE (M.), “The Circulating Artefacts platform (CircArt) as a tool for provenance research”, Colloque international, *Quel avenir pour les œuvres orphelines ?*, 4-5 février 2021, Genève.

MARIN (J.-Y.), “Du musée prédateur au musée normatif, retrouver la cohérence des collections”, Colloque international, *Quel avenir pour les œuvres orphelines ?*, 4-5 février 2021, Genève.

DOCUMENTS ET TEXTES OFFICIELS

UNESCO. *Convention créant une Organisation des Nations Unies pour l'éducation, la science et la culture.* Londres, Royaume-Uni, 16 novembre 1945.

UNESCO. *Convention pour la protection des biens culturels en cas de conflit armé*, La Haye, Pays-Bas, 14 mai 1954.

UNESCO. *Recommandation concernant les mesures à prendre pour interdire et empêcher l'exportation, l'importation et le transfert de propriété illicites des biens culturels*, 19 novembre 1964.

UNESCO. *Convention concernant les mesures à prendre pour interdire et empêcher l'importation, l'exportation et le transfert de propriété illicites des biens culturels.* Paris, France, 14 novembre 1970.

ICOM. *Code de déontologie professionnelle*, 1986.

UNIDROIT. *Convention d'UNIDROIT sur les biens culturels volés ou illicitement exportés.* Rome, Italie, 24 juin 1995.

Déclaration du 8 décembre 2002 sur l'importance et la valeur des musées universels, 8 décembre 2002.

ICOM. *Code de déontologie de l'ICOM pour les musées*, 2001.

ICOM. *Code de déontologie de l'ICOM pour les musées*, 2004.

UNIDROIT. *Dispositions législatives modèles UNESCO – UNIDROIT définissant la propriété de l'Etat sur les biens culturels non découverts*, 2012.

UNESCO. *Recommandation concernant la protection et la promotion des musées et des collections, de leur diversité et de leur rôle dans la société*, 2015.

ONU, Conseil de Sécurité, Résolution 2199 (2015), 12 février 2015, S/RES/2199 (2015).

Décret n°2016-1291 du 29 septembre 2016 portant publication de l'accord entre le Gouvernement de la République française et le Gouvernement du Royaume des Pays-Bas relatif à l'exposition et à la gestion conjointe des portraits de Maerten Soolmans et d'Oopjen Coppit par Rembrandt Van Rijn, Paris, signé le 1er février 2016.

ONU, Conseil de Sécurité, Résolution 2347 (2017), 24/03/2017, S/RES/2347 (2017).

G20. *Déclaration de Rome des ministres de la culture du G20*, Rome, Italie, 30 juillet 2021.

UNESCO. *Déclaration finale*, Conférence mondiale de l'UNESCO sur les politiques culturelles et le développement durable - MONDIACULT, Mexico, Mexique, 28 - 30 septembre 2022.

SITES INTERNET

British Museum. *Circulating Artefacts* [en ligne], 2018, URL : https://www.britishmuseum.org/our-work/departments/egypt-and-sudan/circulating-artefacts [page consultée le 04/02/2021]

Centre du droit de l'art – Université de Genève. Plateforme ArThémis. *Affaire Pièces d'or géantes – Inde contre Crédit Agricole Indosuez SA* [en ligne], 2012, URL : https://bit.ly/3RADDQR [page consultée le 20/08/2021]

Centre du droit de l'art – Université de Genève. Plateforme ArThémis. *Affaire Gouache de Chagall – Solomon R. Guggenheim Foundation et Lubell* [en ligne], URL : https://bit.ly/3RG5C1k [page consultée le 20/08/2021]

Glossaire international. *Définition de Lex Mercatoria* [en ligne], URL : https://www.glossaire-international.com/pages/tous-les-termes/lex-mercatoria.html [page consultée le 14/08/2021]

ICOM. *National Committees, International Committees, Regional Alliances and Affiliated Organisations that constitute ICOM have and/or will be consulted* [en ligne], URL : https://icom.museum/en/resources/standards-guidelines/museum-definition/ [page consultée le 10/05/2021]

ICOM. *Code de déontologie de l'ICOM pour les musées* [en ligne], 2006, URL : http://www.icom-wb.museum/files/files/code_deontologie_ICOM.pdf [page consultée le 10/07/2022]

ICOM. *Contribution d'ICOM France* [en ligne], URL : https://icom.museum/wp-content/uploads/2021/01/ICOM-France_choix-de-mots-et-concepts_revueg_acmjrd-toutes-modif-ok.pdf [page consultée le 10/05/2021]

ICOM. *Nouvelle Liste rouge de l'ICOM : focus sur la région d'Europe du Sud-Est* [en ligne], 14/10/2021, URL : https://icom.museum/fr/news/nouvelle-liste-rouge-de-licom-focus-sur-la-region-deurope-du-sud-est/ [page consultée le 17/10/2021]

ICOM. *L'ICOM est en train de préparer une Liste Rouge d'urgence des Biens Culturels en péril pour l'Ukraine* [en ligne], 28/06/2022, URL : https://icom.museum/fr/news/liste-rouge-durgence-des-biens-culturels-ukraine/ [page consultée le 14/09/2022]

ICOM. *Une Liste rouge 'vivante' : une exposition au Louvre vise à sensibiliser le public à la problématique du trafic international de biens culturels* [en ligne], 2021, URL : https://icom.museum/fr/news/listes-rouges-musees-traffic-illicite/ [page consultée le 7/07/2021]

ICOM. *L'ICOM approuve une nouvelle définition du musée* [en ligne], 24 août 2022, URL : https://icom.museum/fr/news/licom-approuve-une-nouvelle-definition-de-musee/ [page consultée le 24/08/2022]

ICOM. *Les musées, acteurs crédibles du développement durable ?* [en ligne], 2022, URL : https://www.icom-musees.fr/actualites/les-musees-acteurs-credibles-du-developpement-durable [page consultée le 24/08/2022]

ICOM. *Comités de l'ICOM* [en ligne], URL : https://icom.museum/fr/a-propos-de-licom/comites-de-licom/ [page consultée le 10/08/2021]

ICOM. *Répertoire des Comités* [en ligne], URL : https://icom.museum/fr/a-propos-de-licom/comites-de-licom/ [page consultée le 10/08/2021]

ICOM. *Code de déontologie* [en ligne], URL : https://icom.museum/fr/ressources/normes-et-lignes-directrices/code-de-deontologie/ [page consultée le 16/08/2021]

ICOM. *Listes Rouges ICOM* [en ligne], URL : https://icom.museum/fr/nos-actions/protection-du-patrimoine/listes-rouges-red-lists/ [page consultée le 16/08/2021]

ICOM. *Base de données des listes rouges* [en ligne], URL : https://icom.museum/fr/ressources/red-lists/ [page consultée le 16/08/2021]

ICOM. *Object ID ICOM* [en ligne], URL : https://icom.museum/fr/ressources/normes-et-lignes-directrices/object-id/ [page consultée le 16/08/2021]

ICOM. *Critères d'adhésion* [en ligne], URL : https://www.icom-musees.fr/adhesions/qui-peut-adherer [page consultée le 31/08/2021]

ICOM. *Le G20 reconnaît le rôle des musées et de l'ICOM dans la lutte contre la crise climatique* [en ligne], 2 août 2021, URL : https://icom.museum/fr/news/le-g20-reconnait-le-role-des-musees-et-de-licom-dans-la-lutte-contre-la-crise-climatique/ [page consultée le 1/09/2021]

ICOM. *Assurer la sécurité du patrimoine culturel pendant le confinement : un défi pour les professionnels des musées et les services de police* [en ligne], URL : https://icom.museum/fr/news/assurer-la-securite-du-patrimoine-culturel-pendant-le-confinement-un-defi-pour-les-professionnels-des-musees-et-les-services-de-police/ [page consultée le 1/09/2021]

ICOM. *Révision du Code de déontologie* [en ligne], URL : https://icom.museum/fr/member/revision-du-code-de-deontologie/) [page consultée le 24/08/2022]

ICOM. *Définition du musée* [en ligne], URL : https://icom.museum/fr/ressources/normes-et-lignes-directrices/definition-du-musee/ [page consultée le 24/08/2022]

ICOM. *Comité international pour les échanges d'expositions* [en ligne], URL : https://icom.museum/fr/committee/comite-international-pour-les-echanges-dexpositions/ [page consultée le 28/08/2021]

ICOM. *Un nouveau comité international pour la résilience des musées face aux catastrophes* [en ligne], 2019, URL : https://icom.museum/fr/news/un-nouveau-comite-international-de-gestion-des-risques-pour-la-culture-en-cas-de-catastrophes/ [page consultée le 25/08/2022]

ICOM International Observatory on Illicit Traffic in Cultural Goods. *Documentation : inventaire / fiche d'identification* [en ligne], URL : https://www.obs-traffic.museum/fr/documentation-inventaire-fiche-d’identification [page consultée le 16/08/2021]

ICOM International Observatory on Illicit Traffic in Cultural Goods. *Outils de l'ICOM* [en ligne], URL : https://www.obs-traffic.museum/fr/tools [page consultée le 16/08/2021]

INTERPOL. *INTERPOL lance une application pour améliorer la protection du patrimoine culturel* [en ligne], 2021, URL : https://www.interpol.int/fr/Actualites-et-evenements/Actualites/2021/INTERPOL-lance-une-application-pour-ameliorer-la-protection-du-patrimoine-culturel [page consultée le 20/07/2021]

Leagle. *GUGGENHEIM FOUND. v. LUBELL* [en ligne], URL : https://www.leagle.com/decision/199138877ny2d3111361 [page consultée le 22/08/2021]

Louvre. *Base de données des collections* [en ligne], URL : https://collections.louvre.fr [page consultée le 28/08/2021]

Ministère de la Culture. *Appellation Musée de France* [en ligne] URL : https://www.culture.gouv.fr/Aides-demarches/Protections-labels-et-appellations/Appellation-Musee-de-France [page consultée le 30/10/2022]

UCAP. *Influence in States not Party: the Legislation* [en ligne], URL : https://1995unidroitcap.org/influence-legislation/ [page consultée le 22/08/2021]

UNESCO. *Historique* [en ligne], URL : http://www.unesco.org/new/fr/culture/themes/restitution-of-cultural-property/intergovernmental-committee/historical-background/ [page consultée le 22/08/2021]

UNESCO. *UNESCO Database of National Cultural Heritage Laws* [en ligne], URL :

https://en.unesco.org/cultnatlaws [page consultée le 30/08/2021]

UNESCO. *Comité intergouvernemental « Retour & Restitution »* [en ligne], URL : https://fr.unesco.org/fighttrafficking/icprcp [page consultée le 30/08/2021]

UNESCO. *Le Musée-en-exil : une fondation suisse préserve plus de 1400 objets d'art afghans* [en ligne], URL : http://www.unesco.org/new/fr/culture/themes/museums/museum-projects/archive/museum-in-exile-swiss-foundation-safeguards-over-1400-afghan-artefacts/ [page consultée le 30/08/2021]

UNESCO. *Etats membres* [en ligne], URL : https://fr.unesco.org/countries/etats-membres [page consultée le 20/09/2022]

UNESCO. *Patrimoine mondial en péril* [en ligne], URL : https://whc.unesco.org/fr/158/ [page consultée le 11/07/2022]

UNESCO. *Liste du patrimoine mondial en péril* [en ligne], URL : http://whc.unesco.org/fr/peril/ [page consultée le 11/07/2022]

UNESCO. *La lutte contre le nettoyage culturel est un impératif de sécurité* [en ligne], URL : http://fr.unesco.org/news/lutte-contre-nettoyage-culturel-est-imperatif-securite [page consultée le 11/07/2022]

UNESCO. *Les Comores ratifient la Convention de 1970 de l'UNESCO pour la protection des biens culturels* [en ligne], 24 mars 2021, URL :https://www.unesco.org/fr/articles/les-comores-ratifient-la-convention-de-1970-de-lunesco-pour-la-protection-des-biens [page consultée le 4/07/2022]

UNESCO. *Le Turkménistan ratifie la Convention de 1970 de l'UNESCO pour la lutte contre le trafic illicite de biens culturels* [en ligne], 22 août 2022, URL : https://bit.ly/3xtd4Vd [page consultée le 16/09/2022]

UNESCO. *Le G20 adopte une Déclaration sur la culture pour la première fois* [en ligne], 29 juillet 2021, URL : https://fr.unesco.org/news/g20-adopte-declaration-culture-premiere-fois [page consultée le 4/07/2022]

UNESCO. *RESILIART Les artistes et la créativité au-delà de la crise*, [en ligne], 2020, URL : https://fr.unesco.org/news/resiliart-artistes-creativite-au-dela-crise [page consultée le 25/08/2022]

UNIDROIT. *Le Togo adhère à la convention d'UNIDROIT de 1995 sur les biens culturels volés ou illicitement exportés* [en ligne], 8 septembre 2021, URL : https://www.unidroit.org/fr/le-togo-adhere-a-la-convention-dunidroit-de-1995-sur-les-biens-culturels-voles-ou-illicitement-exportes/ [page consultée le 23/06/2022]

UNIDROIT. *Présentation* [en ligne], URL : https://www.unidroit.org/fr/presentation-cp/francais [page consultée le 1/08/2021]

UNIDROIT. *Le Maroc adhère à la Convention d'UNIDROIT de 1995 sur les biens culturels volés ou illicitement exportés* [en ligne], 9 août 2022, URL : https://www.unidroit.org/fr/le-maroc-adhere-a-la-convention-dunidroit-de-1995-sur-les-biens-culturels-voles-ou-illicitement-exportes/ [page consultée le 19/09/2022]

Universalis. *Conventions internationales* [en ligne], URL : https://www.universalis.fr/encyclopedie/conventions-internationales/ [page consultée le 1/07/2021]

AUTRES SOURCES

CORNU (M.), “La mise en œuvre de la Convention UNESCO de 1970 en Europe. Eléments de réflexion préparés à l’intention des participants à la Deuxième Réunion des États parties à la Convention de 1970”, Paris, 20-21 juin 2012.

DUROY (S.), *Cours de droit de la propriété culturelle*, Master 2 droit du patrimoine culturel, Université Paris-Saclay, 2020/2021.

MAIRESSE (F.), “Définir le musée du XXIe siècle : Matériaux pour une discussion”, *ICOFOM*, 2017.

PROTT (L.V.), “Forces et faiblesses de la Convention de 1970 : un bilan 40 ans après son adoption. Document de référence à l’intention des participants à la réunion ‘La lutte contre le trafic illicite des biens culturels. La Convention de 1970 : bilan et perspectives’”, 15-16 mars 2011.

SAVOY (B.), *A qui appartient la beauté ? Arts et cultures du monde dans nos musées*, Collège de France, 2017.

VAQUIER (H.), *Mémoire de stage - L'influence de la Convention d'UNIDROIT sur les droits européens. Analyse des droits français, britannique et suisse*, École du Louvre, 2019.

AAM. *Press release - American Association of Museums Is Now the American Alliance of Museum*, 5 septembre 2012.

Art Team Media. *Corinne Hershkovitch : Localisation, restitution des biens culturels : identités et enjeux de pouvoir* [vidéo en ligne]. *Youtube*, 16 avril 2020, visionnée le 5/02/2021.

Assemblée Nationale. *Dossier législatif. Proposition de loi adoptée par le Sénat relative à la circulation et au retour des biens culturels appartenant aux collections publiques*, 2022.

British Museum. *Policy. Acquisitions of objects for the collection*, 2018.

Musée d'Art et d'Histoire de Genève. *Communiqué de presse conjoint avec la Mission de la République arabe syrienne. Restitution de biens culturels*, 23 novembre 2021.

Université de Genève. *Modes alternatifs de résolution des litiges à la restitution de biens culturels* [vidéo en ligne]. *Youtube*, 30 avril 2015, visionnée le 17/06/2021.

Ville de Genève - Département de la Culture et du Sport. *Politique d'acquisition des musées et institutions patrimoniales de la Ville de Genève*, 2014.

Ville de Genève - Département de la Culture et du Sport. *Politique d'acquisition des musées et institutions patrimoniales de la Ville de Genève*, 2022.

Sénat. *Proposition de loi, adoptée par le Sénat, relative à la circulation et au retour des biens culturels appartenant aux collections publiques*, n°133, déposée le mardi 12 juillet 2022.

Syndicat national des antiquaires. *Règles de la profession d'antiquaire et négociant en œuvres d'art originales.*

ICOM. *Résolutions adoptées par la 19e Assemblée générale*, 1998.

ICOM. *Document officiel - Chronologie de l'ICOM 1946-1998*, 1999.

ICOM. *Résolutions adoptées par la 25e Assemblée générale de l'ICOM*, 2010.

ICOM. *Statuts*, 2017.

ICOM. *De quelle définition les musées ont-ils besoin*, Actes de la journée des Comités de l'ICOM, Paris, Grande galerie de l'évolution (MNHN), 10 mars 2020.

ICOM. *Annual Report 2020*, 2021.

ICOM. *General Assembly. Item 3 - President's Report*, 2022.

ICOM. *Point 3 Présentation de la proposition de nouvelle définition du musée*, Assemblée générale extraordinaire, 24 août 2022.

DCMS. *Combating Illicit Trade: due diligence guidelines for museums, libraries and archives on collecting and borrowing cultural material*, 2005.

UNESCO. *Appel de M. Amadou-Mahtar M'Bow, Directeur général de l'UNESCO*, 7 juin 1978.

UNESCO. *Résolution 20 C4/7.6/5 de la 20e Conférence générale de l'UNESCO*, 1978.

UNESCO. *Allocution de M. Amadou-Mahtar M'Bow, Directeur général de l'UNESCO lors de la clôture de la 20e session de la Conférence générale*, 20C/INF, Paris, 28 novembre 1978.

UNESCO. *Résolutions*, 28e Conférence générale, 28C/Resolutions, 1995.

UNESCO. *Rapport du Directeur général sur les modifications intervenues dans le classement des organisations internationales admises aux différents types de relations avec l'UNESCO et questions y afférentes*, 22e Conférence générale, 29C/25 + ADD, 1997.

UNESCO. *Comment gérer un musée : manuel pratique*, 2006.

UNESCO. *Rapport du Comité intergouvernemental pour la promotion du retour des biens culturels à leur pays d'origine ou de leur restitution en cas d'appropriation illégale sur ses activités (2008-2009) et sur sa quinzième session*, 35e Conférence générale, 35C/REP/14, 2009.

UNESCO. *Recommandations*, Seizième session du Comité intergouvernemental pour la promotion du retour des biens culturels à leur pays d'origine ou de leur restitution en cas d'appropriation illégale, CLT2010/CONF.203/COM.16/5, 2010.

UNESCO. *Recommandations*, Dix-septième session du Comité intergouvernemental pour la promotion du retour des biens culturels à leur pays d'origine ou de leur restitution en cas d'appropriation illégale, CLT2011/CONF.208/COM.17/5REV, 2011.

UNESCO. *Directives concernant le partenariat de l'UNESCO avec les organisations non-gouvernementales adoptées par la Conférence générale à sa trente-sixième session*, 2011.

UNESCO. *Occupation gratuite de locaux au siège de l'UNESCO*, 182e session Comité du Siège, 182COM/SIÈGE/4, 5 mars 2013.

UNESCO. *Directives Opérationnelles pour la mise en œuvre de la Convention de 1970*, 2015.

UNESCO. Lettre circulaire, *Résolution 2347 du Conseil de sécurité des Nations Unies*, CL/4210, 9 juin 2017.

UNESCO. *Fighting the Illicit Trafficking of Cultural Property: a toolkit for European judiciary and law enforcement*, 2018.

UNESCO. *Résolutions*, Cinquième Réunion des Etats Parties de la Convention de 1970, C70/19/5.MSP/Resolutions, 2019.

UNESCO. *Rapport : les musées dans le monde face à la pandémie de Covid-19*, 2020.

UNESCO. *Rapport du Secrétariat sur ses activités*, Sixième Réunion des Etats Parties de la Convention de 1970, C70/21/6.MSP/7, 2021.

UNESCO. *Résolutions*, Sixième Réunion des Etats Parties de la Convention de 1970, C70/21/6.MSP/Resolutions, 2021.

UNESCO. *Annexe 1 - Résultats de la réunion d'experts en vue de proposer un projet de dispositions modèles sur la prévention et la lutte contre le trafic illicite de biens culturels (28 et 29 avril 2021). Rapport du Secrétariat sur ses activités*, Sixième Réunion des Etats Parties de la Convention de 1970, C70/21/6.MSP/7, 2021.

UNESCO. *Décisions*, Neuvième session du Comité subsidiaire de la Réunion des États parties à la Convention de l'UNESCO concernant les mesures à prendre pour interdire et empêcher l'importation, l'exportation et le transfert de propriété illicites des biens culturels, C70/21/9.SC/Decisions, 2021.

UNESCO. *Relations avec les partenaires non gouvernementaux*, 212e Conseil Exécutif, 212EX/36, 2021.

UNESCO. Communiqué de presse. *MONDIACULT 2022 : Les États adoptent une Déclaration historique pour la Culture*, 30 septembre 2022.

JURISPRUDENCE

Affaire relative aux droits des ressortissants des Etats-Unis d'Amérique au Maroc, Arrêt du 27 août 1952 : CIJ Recueil 1952, p. 176.

Affaire du Plateau continental de la Mer du Nord, Arrêt du 20 février 1969, CIJ Recueil 1969 p. 3.

Sud-Ouest Africain, deuxième phase, arrêt, CIJ Recueil 1966, p. 6.

Italia Nostra v. Ministry of Cultural Heritage - Consiglio di Stato, 23 juin 2008.

Cour de cassation, Première Chambre civile, 20 septembre 2006, 04-15.599.

Arrêt du Tribunal fédéral du 1er avril 1997, *L. contre Chambre d'accusation de Genève,* ATF 123 II, 134.

Arrêt du Tribunal fédéral du 8 avril 2005, *Union de l'Inde contre Crédit Agricole Indosuez SA*, ATF 131 III 418.

TABLE DES MATIÈRES

Structures éditoriales du groupe L'Harmattan

L'Harmattan Italie
Via degli Artisti, 15
10124 Torino
harmattan.italia@gmail.com

L'Harmattan Hongrie
Kossuth l. u. 14-16.
1053 Budapest
harmattan@harmattan.hu

L'Harmattan Sénégal
10 VDN en face Mermoz
BP 45034 Dakar-Fann
senharmattan@gmail.com

L'Harmattan Cameroun
TSINGA/FECAFOOT
BP 11486 Yaoundé
inkoukam@gmail.com

L'Harmattan Burkina Faso
Achille Somé – tengnule@hotmail.fr

L'Harmattan Guinée
Almamya, rue KA 028 OKB Agency
BP 3470 Conakry
harmattanguinee@yahoo.fr

L'Harmattan RDC
185, avenue Nyangwe
Commune de Lingwala – Kinshasa
matangilamusadila@yahoo.fr

L'Harmattan Congo
67, boulevard Denis-Sassou-N'Guesso
BP 2874 Brazzaville
harmattan.congo@yahoo.fr

L'Harmattan Mali
ACI 2000 - Immeuble Mgr Jean Marie Cisse
Bureau 10
BP 145 Bamako-Mali
mali@harmattan.fr

L'Harmattan Togo
Djidjole – Lomé
Maison Amela
face EPP BATOME
ddamela@aol.com

L'Harmattan Côte d'Ivoire
Résidence Karl – Cité des Arts
Abidjan-Cocody
03 BP 1588 Abidjan
espace_harmattan.ci@hotmail.fr

Nos librairies en France

Librairie internationale
16, rue des Écoles
75005 Paris
librairie.internationale@harmattan.fr
01 40 46 79 11
www.librairieharmattan.com

Librairie des savoirs
21, rue des Écoles
75005 Paris
librairie.sh@harmattan.fr
01 46 34 13 71
www.librairieharmattansh.com

Librairie Le Lucernaire
53, rue Notre-Dame-des-Champs
75006 Paris
librairie@lucernaire.fr
01 42 22 67 13

www.ingramcontent.com/pod-product-compliance
Lightning Source LLC
LaVergne TN
LVHW010951061026
849535LV00006B/1667